王貽蓀戰時日記

（1941）

The Diaries of Wang Yi-sun, 1941

民國日記｜總序

呂芳上
民國歷史文化學社社長

　　人是歷史的主體，人性是歷史的內涵。「人事有代謝，往來成古今」（孟浩然），瞭解活生生的「人」，才較能掌握歷史的真相；愈是貼近「人性」的思考，才愈能體會歷史的本質。近代歷史的特色之一是資料閎富而駁雜，由當事人主導、製作而形成的資料，以自傳、回憶錄、口述訪問、函札及日記最為重要，其中日記的完成最即時，描述較能顯現內在的幽微，最受史家重視。

　　日記本是個人記述每天所見聞、所感思、所作為有選擇的紀錄，雖不必能反映史事整體或各個部分的所有細節，但可以掌握史實發展的一定脈絡。尤其個人日記一方面透露個人單獨親歷之事，補足歷史原貌的闕漏；一方面個人隨時勢變化呈現出不同的心路歷程，對同一史事發為不同的看法和感受，往往會豐富了歷史內容。

　　中國從宋代以後，開始有更多的讀書人有寫日記的習慣，到近代更是蔚然成風，於是利用日記史料作歷

史研究成了近代史學的一大特色。本來不同的史料，各有不同的性質，日記記述形式不一，有的像流水帳，有的生動引人。日記的共同主要特質是自我（self）與私密（privacy），史家是史事的「局外人」，不只注意史實的追尋，更有興趣瞭解歷史如何被體驗和講述，這時對「局內人」所思、所行的掌握和體會，日記便成了十分關鍵的材料。傾聽歷史的聲音，重要的是能聽到「原音」，而非「變音」，日記應屬原音，故價值高。1970年代，在後現代理論影響下，檢驗史料的潛在偏見，成為時尚。論者以為即使親筆日記、函札，亦不必全屬真實。實者，日記記錄可能有偏差，一來自時代政治與社會的制約和氛圍，有清一代文網太密，使讀書人有口難言，或心中自我約束太過。顏李學派李塨死前日記每月後書寫「小心翼翼，俱以終始」八字，心所謂為危，這樣的日記記錄，難暢所欲言，可以想見。二來自人性的弱點，除了「記主」可能自我「美化拔高」之外，主觀、偏私、急功好利、現實等，有意無心的記述或失實、或迴避，例如「胡適日記」於關鍵時刻，不無避實就虛，語焉不詳之處；「閻錫山日記」滿口禮義道德，使用價值略幾近於零，難免令人失望。三來自旁人過度用心的整理、剪裁、甚至「消音」，如「陳誠日記」、「胡宗南日記」，均不免有斧鑿痕跡，不論立意多麼良善，都會是史學研究上難以彌補的損失。史料之於歷史研究，一如「盡信書不如無書」的話語，對證、勘比是個基本功。或謂使用材料多方查證，有如老吏斷獄、法官斷案，取證求其多，追根究柢求其細，庶幾還原

案貌，以證據下法理註腳，盡力讓歷史真相水落可石出。是故不同史料對同一史事，記述會有異同，同者互證，異者互勘，於是能逼近史實。而勘比、互證之中，以日記比證日記，或以他人日記，證人物所思所行，亦不失為一良法。

從日記的內容、特質看，研究日記的學者鄒振環，曾將日記概分為記事備忘、工作、學術考據、宗教人生、游歷探險、使行、志感抒情、文藝、戰難、科學、家庭婦女、學生、囚亡、外人在華日記等十四種。事實上，多半的日記是複合型的，柳詒徵說：「國史有日歷，私家有日記，一也。日歷詳一國之事，舉其大而略其細；日記則洪纖必包，無定格，而一身、一家、一地、一國之真史具焉，讀之視日歷有味，且有補於史學。」近代人物如胡適、吳宓、顧頡剛的大部頭日記，大約可被歸為「學人日記」，余英時翻讀《顧頡剛日記》後說，藉日記以窺測顧的內心世界，發現其事業心竟在求知慾上，1930 年代後，顧更接近的是流轉於學、政、商三界的「社會活動家」，在謹厚恂恂君子後邊，還擁有激盪以至浪漫的情感世界。於是活生生多面向的人，因此呈現出來，日記的作用可見。

晚清民國，相對於昔時，是日記留存、出版較多的時期，這可能與識字率提升、媒體、出版事業發達相關。過去日記的面世，撰著人多半是時代舞台上的要角，他們的言行、舉動，動見觀瞻，當然不容小覷。但，相對的芸芸眾生，識字或不識字的「小人物」們，在正史中往往是無名英雄，甚至於是「失蹤者」，他們

　　如何參與近代國家的構建，如何共同締造新社會，不應
該被埋沒、被忽略。近代中國中西交會、內外戰事頻
仍，傳統走向現代，社會矛盾叢生，如何豐富歷史內
涵，需要傾聽社會各階層的「原聲」來補足，更寬闊的
歷史視野，需要眾人的紀錄來拓展。開放檔案，公布公
家、私人資料，這是近代史學界的迫切期待，也是「民
國歷史文化學社」大力倡議出版日記叢書的緣由。

導讀

民國歷史文化學社編輯部

一

　　日記、書信是研究人物及其時代最重要的一手材料，它不只透露著作者的真性情，而且展露那個時代的訊息。與檔案文書、報刊、方志等資料相比，書信、日記類史料別有意味，利用這兩種特色史料研究近代史，漸成方興未艾之勢。

　　私人書信，包括與家族成員、親戚、朋友等之間的書信往來，是典型的私人文獻。書信讀起來親切，語言沒有雕飾，意隨筆到，多是坦露衷腸之言。這些信函原本有很強的私密性，只是為了完成即時傳遞資訊的目的，並無公布於眾的考慮。在史家看來，這類「講私房話」的原始文獻，一旦被保存、披露，可信度更高。

　　私人日記是「排日記事」，一般是當天所寫，也有數日後補寫的，經過逐日、逐月、逐年記錄，累積而成。這種在光陰流轉中逐步形成的編年體文獻，將作者的言行、見聞、思想乃至情緒，隨時定格、固化。日記的「原始性」也因此而與眾不同。

　　民國歷史文化學社在《關山萬里情：王貽蓀、杜潤枰戰時情書與家信》之後，陸續推出《流離飄萍：杜潤枰戰時日記（1939）》、《王貽蓀戰時日記》，在書信與日記交錯之間，更進一步理解那段顛沛流離的戰時歲月。

二

　　王貽蓀（1918-2009），江蘇江陰人。1934 年畢業於江陰長涇初中，後入江蘇省公民訓練師資養成所，初任教江陰縣夏五鄉民眾學校，1937 年 1 月調任石莊鎮民眾學校教員，同年 9 月受任校長，從事民眾教育工作。

　　此時中日戰火已起，江陰行將淪陷，1937 年 11 月 28 日，奉令結束校務，向漢口移動，12 月 30 日，隨父親王仲卿撤抵漢口。隔年 1 月，保送入湖北鄉政幹部人員臨時訓練班受訓一個月，再參加湖北省政府鄉政服務學員特殊訓練半個月，結訓後分發江陵縣擔任鄉政助理員，先後派駐第三區署（岑河口）、第六區署（彌陀寺），輔助鄉政建設工作。1938 年 11 月離職轉往湖南沅陵，擬入軍事委員會戰時工作幹部訓練團第一團，不意錯過考期，只得暫入通信隊接受無線電技術訓練。1939 年 1 月，隨隊移駐瀘溪浦市鎮；4 月，奉令移駐四川綦江，轉徙千里，於 5 月 21 日抵達。

　　1940 年 1 月考入軍委會戰幹團第一團第三期。6 月 1 日，團內異黨案起，即所謂「綦江事件」。王貽蓀被誣指為共產黨，但未被禁閉。10 月自戰幹團畢業後，奉令分發第六戰區政治部（湖北恩施）見習，派任至軍事委員會特務二團政治指導室。1941 年 3 月，正式赴外河沿從事政工工作，為新兵二連代理連指導員。6 月奉調回第六戰區政治部，委任第四科中尉科員，負責人事行政業務，兼負戰區特別黨部組訓。1942 年 9 月，改至綦江導淮委員會任職。1943 年 5 月，遷往重慶，擔任後方勤務部特別黨部幹事，負責文宣工作。

1945 年，轉調中央黨部組織部軍隊黨務處，隨後又調
三民主義青年團中央團部編審室。戰後復員，續在南京
三青團中央團部編審室服務，主持《模範青年叢書》出
版業務。繼調中國國民黨中央執行委員會青年部幹事，
負責學校文化宣傳。

三

　　目前所得王貽蓀日記，起於1941 年 1 月 1 日，
戰幹一團畢業後分發至湖北恩施見習時，止於 1945 年
6 月 30 日。王貽蓀何時開始書寫日記，無從得知，惟
1941 年日記中有言「謄寫前月日記來此冊，迄二月
十一日。」（2 月 25 日）合理推測 1941 年前至少應有
一冊日記。至於1945年 7 月以後的日記，亦尚未尋獲。
王貽蓀身歷 1940 年的「綦江事件」與 1949 年的「海軍
匪諜案」，或許是前後日記隱而未現的原因之一。

　　細讀王貽蓀的日記，內容極為豐富詳細，包括戰
時生活的衣食住行，流離中的努力求生存，各種尋工
作、覓調職間的酸甜苦辣。日記中詳述工作與生活的甘
苦與感觸，以 1941 年 3 月派下部隊負責新兵政訓工作
為例，王貽蓀深覺問題叢生，有心無力。「近日從到連
工作後，在個人方面可謂已竭盡力量工作矣，無難受能
力、學問、經濟、人事、權力之限制，不得稱心耳」。
（3 月 24 日）又與連上士兵談話，知士兵「有少數尚
係各級徵募與訓練單位臨時捉拿而來，係屬當兵之逃亡
或強迫之應徵者」。（3 月 21 日）因此新兵稍得機會，
即行潛逃，逃兵問題嚴重。而該連不久又為流行性感冒

侵擾，士兵幾乎半數得病，使王貽蓀不禁發從「新兵大隊」到「工兵大隊」，終成「病兵大隊」之嘆。（5 月 25 日）在其筆下，戰時基層士兵之生活躍然紙上。

　　除了日常所見，王貽蓀在日記中也處處記錄自我充實的過程，例如聆聽演講與訓詞之大意、閱讀報刊時摘錄之內容或心得，對於寄出的書信與親友的來函，或謄寫或摘要，亦詳實記下。另也有生活間的零散資料，如 1941 年的收支帳、私人什物書籍備查表等，1942 年則有工作與讀書摘要、生活檢討等項，均為這段時期後方生活的重要資料。而王貽蓀不僅收藏日記與書信，舉凡人生各階段的學歷證件、人事派令等等，歷經戰亂而保存完整，內容多樣，令人驚嘆。隨著日記的內容，並將此類文物酌採附之，以期圖文參證。

四

　　在編輯日記與書信的過程中，看到大時代的點點滴滴，有日理萬機的決策過程，有埋頭苦幹的辛勤工作，也有炙熱的戀情與真摯的家庭關愛。如此點點滴滴的經營，終匯聚成歷史研究的洪流，拼湊出各階層的圖像，實值得吾輩繼續挖掘。「王貽蓀日記」提供抗戰時期黨、軍、團的基層工作情況資料，極屬少見、難得，本社獲得這批重要而珍貴的歷史研究材料，自當對王氏家屬致以最高敬意。

編輯凡例

一、本系列將出版王貽蓀先生 1941 年 1 月 1 日至 1945 年 6 月 30 日之日記，本書收錄 1941 年 1 月 1 日至 12 月 31 日。

二、本書依原文錄入，錯字、漏字、贅字等均不予更動，異體字、俗寫字一律改為現行字，無法辨識文字則以■表示。

三、日記中無記載之日期，以〔無記載〕標示。

四、原文中以蘇州碼子標記之數字，皆改以阿拉伯數字呈現。

王貽蓀 1937–1943 年行跡

1937 年 11 月　　隨父親遷武漢

1938 年　2 月　　受湖北鄉政幹部人員臨時訓練班訓練
　　　　　　　　　後，分發江陵縣任鄉政助理員

1938 年 11 月　　赴沅陵投考戰幹一團未果，改入通信隊
　　　　　　　　　受訓

1939 年　4 月　　隨通信隊移綦江訓練

1940 年　1 月　　考入綦江戰幹一團受訓

1941 年　1 月　　受訓畢業，分發恩施第六戰區政治部見
　　　　　　　　　習，後入特務團任政治指導員

1941 年　6 月　　調回黔江第六戰區政治部

1942 年　9 月　　至綦江導淮委員會任職

1943 年　5 月　　遷重慶新橋，任後方勤務部特黨部幹事

附圖

長涇初中畢業證書

湖北省鄉政幹部臨時訓練班證書

戰時工作幹部訓練團第一團通信連臂章

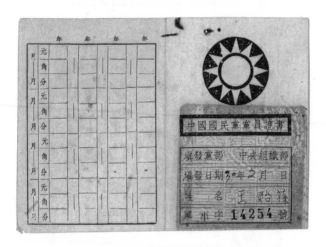

中國國民黨黨員證書

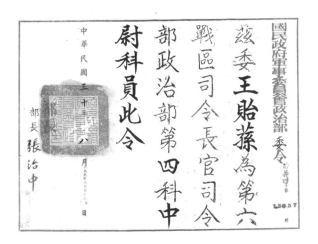

第六戰區政治部中尉科員派令

第六戰區政治部臂章

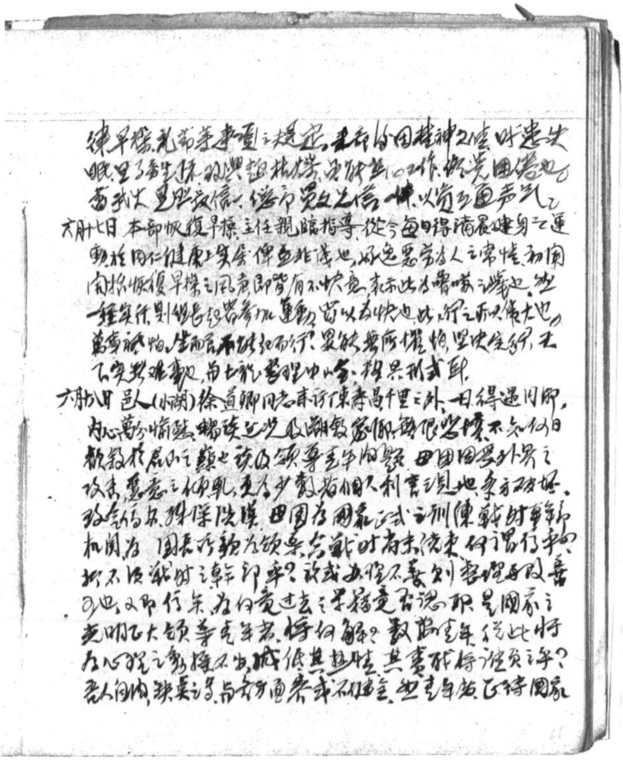

日記原稿選錄

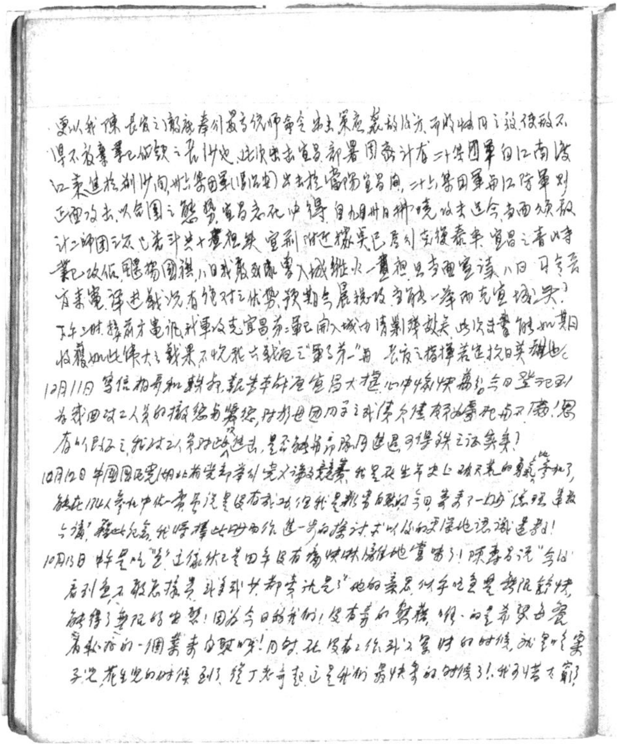

日記原稿選錄

目　錄

1941 年

1月1日

清晨，參加三民主義青年團直屬第一區團第二分團第十九區隊分隊長會議，討論進行宣傳工作，決議分區由各分隊進行，本分隊擔任城南區，製標語五個。本日為新曆元旦，各界慶祝，頗為熱烈，有七十九軍夏楚中部舉行游藝大會，民眾游龍凡十餘條，終日遊行，歡樂之極。購製軍帽壹頂，配於前在沙市所製洋嗶嘰軍服用之。晚餐赴蕭新華同學約便酌，三湘之士暢談，備覺興高熱烈。

1月2日

黔江出發，行廿二公里抵鄂境之石門坎車站，此處無市集，僅車站洋房壹幢耳。前進復十餘公里抵咸豐縣屬之石板舖宿營，地甚貧瘠，一路荒涼，地盡黃土荒山，物產已遠較川省為遜矣，宿小村王姓家，談知為同宗，相待尚佳。

1月3日

出發，行三四公里抵咸豐縣城，城大約似故鄉祝塘，宿營漢新旅社，洗澡壹次，價陸角，頗爽。赴省立第三民教館閱報，得略知國際演變：

　　（1）貝當政府態度強硬，協理賴伐爾遭拘禁與
　　　　　撤職；
　　（2）意軍在菲作戰連遭敗北，希軍得英軍助連日

獲捷；

（3）美允助我飛機四百架。此間米柒角壹升，叁
升可供同學五人二餐之食。

1月4日

行四二公里抵小關鎮，宿某民家，赴聯保辦公處購
米，米稍貴，價壹元壹升，重僅貳斤半，較咸豐城中柒
角壹升，重叁斤，差遠矣。此間有省小壹所，學生頗
眾，未及前赴參觀，適校外寄宿舍於此，得略詢概況。
又悉此間民風頗慓悍。

1月5日

行廿四公里抵椒園鎮，適非逢場，冷零異常，米甚
缺，聯保主任堅持售米六成，包穀四成，交涉結果，仍
得完全購米，由此可知鄂西之民生苦也。

1月6日

行卅四公里抵恩施縣城，渴望已久之鄂西首府得一
睹全貌矣。剛入城即遇同學李君昌煦相迎，把晤甚歡。
城尚大，惜精華已遭敵機炸毀矣。

1月7日

余等暫住北門橋塊某民宅，並整理行李服裝，以待
集中赴第六戰區司令長官部政治部報到。清晨老李來
訪，邀共進早點，暢談近況，彼現任職總部電訊總隊第
五十七分隊為少尉報務員，尚好。並告知此次來恩戰團

同學，有分發軍民合作站、政工大隊，及軍隊政工云。
又告知此間新湖北日報社徵求譯電員，詢余願否任此職
務，余因尚未報到，且未見習，雖或可籍作無線電技術
之研究，但實非此時所宜之工作也。相告知舊日同學謝
祺，已入軍委會特種人員訓練所畢業，分發服務，席增
桂則在渝之河北青年會服務云。五十七分隊隊長趙道
啟、通訊員徐星南皆舊識。

1 月 8 日

來恩同學整隊赴第六戰區政治部報到，於公共體育
場移交，當即編為政治部講習大隊，預備作精神講話及
業務講習一週後分發，由政部第三組組長張世愛兼大隊
長，視察室專員張擴之兼大隊附，分編五個隊，各隊長
皆係戰團前期在部服務同學，余編為第一隊，隊長王德
森，為第二班之首名，當晚即在大隊晚餐與宿營也。大
隊部為七區專署。

1 月 9 日

赴老李處，告知決定放棄另謀其他工作，而安心接
受講習之訓練，在電台略習收發，皆生疏之遠矣。書桐
哥、祝三、偉華，信各壹件，即投郵之。今晚，大隊長
訓話，內容要點：

（1）本部對諸同志之期望；

（2）本戰區之特殊環境與特具之精神；

（3）辦理講習大隊之目的在舉行業務講習及進行
　　考核；

（4）教育內容有精神講話、業務講習、小組討
論等。

1月10日

本大隊開始正式講習，上午八時，政治部主任柳克
述蒞隊視察並訓話，內容要點：

（1）講習隊之宗旨為考核與業務指導；

（2）本戰區之特殊環境與任務及作風；

（3）今後本部之重心工作為民眾組訓、辦理軍民
合作站，與部隊整訓，特別維持軍紀；

（4）本戰區工作同志之基本精神：

A. 公開——分人事、經濟、意見三方面之
公開；

B. 實在；

C. 刻苦；

D. 耐勞；

分別縷述甚詳。

1月11日

上午省府委員朱代杰訓話，講述確立最後勝利之信
念，以抗戰以後之形勢，引證說明，頗剴切而實際。
第二講由政部第二組黃組長超人授民眾組訓，下午寫
自傳。

1月12日

七時赴南門中心小學參加擴大紀念週，參加單位有

長官司令部、省府、政治部、防空訓練班、湖北省幹訓團，及本大隊全體官員，司令官長陳主席，首對本隊學員訓詞，內容為：

(1) 此次徒步辛勞來前方工作，汝等已踏上實際革命之工作，在後方則總不免空洞也，唯有接近民眾與士兵者，方為實際的革命。

(2) 本戰區之一切困難艱苦，也就是勝利之條件，有此條件，就可保障勝利。

(3) 目前重要之政治工作，一在部隊之基層政訓，一在組設軍民合作站，軍民合作站之重要，為爭取抗戰勝利之唯一條件，且得從速促成抗戰之必勝。

次對湖北省幹訓團員生訓詞，略云：

(1) 建設新湖北重在心理建設，問題在做與不做？

(2) 湖北各界之精神實太落伍，例如汝等行軍背手，學生打球穿大衣，今後我們大家要效法先賢胡林翼治鄂精神，建設一切。

(3) 大家不要因今日鄂省之民窮兵困而停止建設，或不去談建設，今後要從生產建設中樹立建設新湖北之基礎，免蹈過去官紳剝民，民迫為匪，匪劫官紳，轉輾為害，同歸於盡之悲境。

(4) 今後要呼出鄂省人畜分居之口號，注重保健之工作。

最後講述抗戰必勝、建國必成的道理頗詳。

　　司令長官面露笑容，精神奕奕，談吐間，句句充滿
必勝必成之活力，蓋勝利之操，實必屬諸於我也。

1月13日

　　午後副團長陳司令長官蒞隊點名，並訓話，諄諄沈
痛訓誨，以副團長之地位出之，大意：

　　（1）檢討戰幹團自成立到今日形將停辦之原因；

　　（2）戰團同學之環境惡劣，本身之不健全與不振
　　　　　奮，同學亦應負責，今後來本戰區工作，儘
　　　　　可發揮力量，擔保絕無阻礙或環境惡劣之事；

　　（3）戰團曾受訓青年五萬以上，確為現代中國青

年之代表與精華，十年後皆欲各位負責國事
矣，望勿棄而奮發之；

（4）各位有何問題，可書面來一報告，余儘量可
解決也。

1 月 14 日

八時，鄂省府朱民廳長懷冰訓話，講述中共不法行
為，與破壞抗建之實際情形，歷述在冀作戰時與朱德輩
晤談情形，及親歷赤區之荒謬見聞，慘酷與殘恨，聞之
令人髮指，喻之曰「特種漢奸」真不足彰其惡也。本日
警報二次，下次赴昌煦兄處謄自傳，並勉李為人處世
之道，勸對同事須和洽。返隊時，頭頗昏昏，晚間發
熱甚厲。

1 月 15 日

清晨，勉強隨隊洗臉，返隊後，於天井竟行昏而欲
倒，險遭仆地，幸同學鄭棟才、師志聖相挽得免，精神
受損甚大，此乃余近日感冒之因，與日昨謄寫自傳太辛
勞之故。余身體孱弱，實抱憾萬分，謀日後鍛鍊也。終
日閒坐寢室，停止聽講，飯亦未食，僅食一頭皮耳，晚
就軍醫診治。

1 月 16 日

上午，先後由軍醫處長報告抗戰以來之軍醫業務，
計救護傷病兵壹百十三萬餘，治愈者九十餘萬，但傷病
兵之比例，由傷病之正比迄今日之傷病反比，實可懼

也，查本戰區之軍醫處月支經費為三十五萬，現有傷者二百餘，病者竟六千餘也。第二講省府委員報告三民主義的偉大性。晚赴洛池洗澡，求治病也，頗爽。與王隊長個別談話，余答志願政訓或民訓。

1月17日

舉行小組討論二次，同學發言頗踴躍，余先後發言三次，申述對於軍紀與鄂省過去民眾組訓之檢討。本日起講習大隊已停止講堂，同學紛紜，有賴政工者、軍民合作站者、民訓者，余意欲政工，但覺普通話太差，工作實不便，謀有以改進，以克此敵。與國萱、李俠談政進之道，今晚同李俠練習普通話二小時，自覺稍有進境，余思平日因言語之隔，少結納許多朋友，甚痛心。

1月18日

與本隊指導員黃超人個別談話，余告以志願民訓或政訓，但有機會希望完成無線電之技術，組長頗表許可。本晚舉行同樂會，由政工大隊及同學等表演，尚精采可觀。

1月19日

參加湖北省幹訓團第三期暨防空班廿五期畢業典禮。由司令長官訓話，略云：

(1) 國民革命已到最後的階段，在民國二年時，總理曾講：我之對日抗戰經一年或二年、三年、四年，否則第五年之總反攻，則暴日必

然崩潰矣。今日而言，國內之國民革命安內工作，早已完成，少數之叛逆，決無問題。中央定今年為勝利年，是有計劃而言之。

（2）所謂困難，實由比較而來，否則屬知困難。憶黃埔初成時，某軍閥曾說：「什麼黃埔，我一營一連人隨時可解決他。」可見當時之境遇困難，但今終黃埔發揚精神於全國也。設今日全國信賴本黨，舉國一致，則今日我軍之素質、精神、數量已較遠勝昔日敵我之優劣差別矣。憶北伐時，余任團長，時物質由俄供給，僅有步馬槍九百枝，機槍六挺，但三挺皆毀者，迫擊砲尚未見過，官長皆用馬槍也。且黃埔時大家有了早飯吃，就不知有否晚飯吃，由此要知帶兵官，尤其是一個革命家要克服困難，總裁說：「困難就是革命的事業。」

（3）對入團團員訓詞謂：第一次入團時總裁說：「宣誓入黨入團，就是表示決心革命。」又說：「今後祇有黨的生存、團的利害，要犧牲個人的自由利益。」

（4）對個別談話的講評：

1. 坦白真誠可慰，

2. 許多問題有價值，大家要研究解決。

是為優點。

1. 責人重責己輕，今後要「責人輕責己重」，此即所謂忠恕之道也。

2. 我們三民主義之思想，世界無敵，談不到思想鬥爭，談政見，超不過抗戰建國四字，因爭權奪利，那祇有向日本人爭，否則祇有特種漢奸甘願為之。

3. 主觀的部份多，不能設身處地考察，對事物沒有客觀的整個性的觀察。

4. 談到土劣問題，祇要做到「其身正，而天下歸之。」今後不要問土劣不土劣，只要問自己革命不革命，要知「革命就是劃除帝國主義、軍閥、土豪、劣紳，完成一貫的使命。」「革命要集中力量，打倒危險阻礙作惡最大的。」「主力擊破，其師即可解決。」故今後對土劣，如改善去惡，則政府不究，否則「絕不姑息」。更要知「革命不談保障」，各位疾惡如仇去幹。

5. 研究學問，此地要知你們的學問，還沒有土劣紳好，今後要學像從前打擂台般，吃了敗仗，回家苦練功夫再打。要明白「要打的土紳劣豪，政府絕不姑息」，但要知「今天上級比下級苦」、「領袖比我們苦」、「我亦無論如何比你們苦」。

（5）勝利年的捷報：新四軍解決了。委座來電詳述經過，新四軍有七團之眾，此次違抗軍令，襲擊友軍，陰謀叛離，已行解決。原因：

1. 自行集中，向四十師集中襲擊，我軍以四師包圍，彼即內部意見分歧。

2. 內部不願做亡國奴和漢奸的人們，覺悟了、
投誠了。

今後本黨仍對該黨以寬大領導，否則再有不
法行為，一切皆以新四軍對付同。革命：「今
日打日本人的就是革命」。不革命：「就是
不打日本的」。反革命：「自私自利、割據、
保存實力、走私……」，此次新四軍解決，
長江以南肅清。談到對蘇，則絕無問題。

1. 蘇聯決不會因此而棄我，國際形勢使然也。
2. 新四軍之解決，為國民革命軍的軍紀問題，
為國內的問題，而非國際的或外交的問題。
3. 過去國際對我國民黨抗戰力量，尚未有確
實的估計，此次解決新四軍，可增強本黨
國際信譽與威信。故政府槍斃韓復渠、石
友三與今日解決新四軍，皆為一貫的維持
國家威嚴軍令。

本日謄寫正楷自傳壹份，以備政部呈司令長官一
閱。晚本隊（第一隊）同學赴政部，由柳主任個別談
話，主任先報告三點：

一、此次呈司令長官報告，現已親為呈閱待批示
矣，關於團之存廢問題，中央有整個通盤計
劃，望能遵循政府意志為是。
二、各位表示此次分發工作，抱定任勞任怨之決
心，任何工作不辭艱苦，此種精神，誠堪欽佩
快慰。
三、衣服問題，本人負責儘量設法，必有相當結果。

次即按序個別談話，余提供議案為：

1. 軍民合作站與軍隊、地方行政機關、法團
   之聯繫問題。
2. 擬定地方紳商士民協助軍民合作站之鼓勵
   辦法。
3. 仿照傷兵之友辦法，舉行本戰區「軍民合
   作之友」之徵求運動，並賜贈紀念章。

接陳主席訓話：

1. 教育：「今年是湖北教育年」，經費預定
   七百多萬，「準備辦省立教育學院」，辦
   理「師資與學生」的整頓風氣。
2. 法令：「不違背中央法令下」、「暫訂而
   先做」。
3. 治安：「冬防秩序」為此邊區有歷史以來
   未有之現象，僅發生少數搶案，今後則
   「治標工夫已將完成，重在治本之基層政
   治工夫」。
4. 黨團務：湖北的黨政是絕對一致的，今後實
   行「黨政連坐法」，「縣長與書記長磨擦，
   皆先行撤職，經雙方審詢後，劣懲優昇」。

今後政治為「新縣制」。

1月20日

政部舉行總理紀念週，柳主任報告：

（1）解決新四軍問題裡面說「中國人就是實際抗
建而革命的」、「非中國人就是特種漢奸，

行動是破壞抗建而反革命的」。

（2）徵求研究關於漢奸之歷史與心理。

（3）特種漢奸的陰謀：毛澤東在延安說：「國家可
　　亡，主義不變」。按最近情報，中共毒謀有：
　　一、爭取日本加緊侵華之延持，擴展游擊
　　　　匪區。
　　二、加緊對國民黨今後之軍事佈置。
　　三、開展反蔣運動。
　　四、組織秘密機關，準備特等事變。
　　其工作綱要有：
　　一、發展組織，注重縣以下之各級；
　　二、爭取知識青年；
　　三、爭取地方武力，集中擴充實力；
　　四、爭取壯丁之思想，爭取入伍後之連繫；
　　五、派工作同志混跡國民黨（兵運）；
　　六、趕走韓德勤等。

1 月 21 日

〔無記載〕

1 月 22 日

　　與同學等十人，共赴政治部服公差，裝訂揀選呈司
令長官部之自傳，計有四十餘本，余亦一也。

1 月 23 日

　　購棉絮壹條，重叁斤，價洋拾伍元。赴昌煦兄處，

得悉彼奉電總命令，調二十六軍五十四分隊工作，彼意
頗不快，全力勸前赴或謀在恩工作，昌初涉足社會，修
養尚欠，性又燥急，勸改之。適昌之同鄉李成功來訪，
介紹後，知即最近幹訓團三期團務班畢業者，現服務於
鄂支團服務隊，暢談鄂支團情形頗洽。下午赴南門外與
同學王友樵、王國萱、李俠、仲克甯等過年，每人共費
洋貳元，由國萱烹調，味可口，吃得又飽又痛快淋漓。
此乃客中無聊，自求慰勞之敘樂也。

1月24日

今日頭頗暈，傍晚赴洛池洗澡，李俠同志共赴，價
貳元，甚昂貴矣。返隊，冒被大睡，夜中發熱異常利
害。今日政部借支每同學國幣叁元，聊充過年加油與洗
澡梯頭之用也。

1月25日

今日是陰曆的小除夕，為心境痛快起見，相約國
萱、俠，赴吾蘇陸稿薦吃炒年糕和湯年糕，費洋叁元
玖角，購光布六尺，計洋叁元，預備製被之添補用也。

1月26日

今日是古曆除夕，舉目四顧，盡是他鄉之客，浪子
同悲！脫離了可愛的家鄉，瞬間四年矣。今日烽火連世
界，遍地血跡何乾？大丈夫志在四方，救亡圖存，匹夫
有責，義無反顧，豈復何言！祖母乎！父乎！愛我者
乎！歡敘有日，祇待今日逐儘醜倭奴！！正午，與同學

數十人共赴民教館佈置慰勞前方將士書之展覽會會場。
政部乙役來，即同到第一組見何組長伯予，知欲暫行分
發余與同學楊育興赴教導總隊服務，待過年後即前赴
工作云。晚赴昌煦處寫慰勞信壹封，備明日請各界簽
名，寄慰前方將士。徐通訊員星南請吃麵，味適口。
九時許返隊。

1 月 27 日

　　政治部舉行慰勞信展覽大會於城區民眾教育館，由
本大隊同學主持之。今日參加恩施各界慰勞信運動，於
正午大隊敘餐後，赴湖北省幹訓團徵求學員簽名，午後
赴會場參觀陪都寄來慰勞信，集陪都中央英俊之真摯
熱情充分表露於字裡行間，足見後方同胞關懷前方之殷
切也。其中最足稱道者，為七十七老人吳稚輝先生親筆
所書一信暨孫院長等親為簽名數信也。日前何組長談話
後，余與楊同學商討前赴事宜，知彼有不願前赴之意。
余意如楊同學不前往，謀設法與王同學國萱共赴，未卜
能成為事實否。是則工作之推進，當稍為順利也。

1 月 28 日

　　政治部發表本大隊同學分發命令，計姚士龍等廿三
員留部見習，余亦在焉，其他同學則大部分發軍民合作
站任指導員，小部分發各軍政治部見習。毛志同等十名
則分發鄂省府工作，他則軍事者數人聽候長官部分發。
赴昌煦處，勸即赴廿六軍任職，並介紹王友樵等分發廿
六軍政部同學相識，傾談做人處事之道，頗有會心處。

1月29日

　　清晨，政治部柳主任召留部見習同學個別談話，各組長暨張專員等參加之，決定同學見習之各組。余與同學八人，則被派長官司令部軍會第二特務團擔任政訓室之工作，由張專員指導。

1月30日

　　政部發放元月份見習費叁拾肆元，冬季服裝補助費貳拾元，扣除講習大隊伙食洋拾壹元貳角伍分，過年借支肆元，僅實領叁拾捌元四角五分，各同學前借法幣，俱各還余，可慰。今日購膠鞋壹雙，價拾貳元伍角，昂矣。與李俠同學吃晚點，遇沙市昔日同學周振中先生，彼任職省府民廳，同周者，為唐才雄，原任職沙市某修防處。

1月31日

　　清晨，分發各軍政治部及巴東直屬合作站同學出發首途，彼等真可謂參加「最實際的革命鬥爭」矣。國萱贈余照片壹張，彼等今日亦首途廿六軍政部報到矣。與昌煦談，知溫師已任職第十二補訓處為少校連長，保師已連任戰通少校連長，鼎師則赴中訓團受訓矣。舊日同學，現已皆任職部隊服務，可慰。赴政部，收克寧自郵退回信件，知書淪陷區之信件，不可註明機關番號，謀代轉寄而不可。

2 月 1 日

赴五十七分隊電台，閱三民主義青年團二週年特刊數篇，同夏春藩同學赴東門鄂青支部，接洽團員轉移事宜。同學同謁張專員，請示今後如何展開工作。本日起在政工大隊起伙矣。

2 月 2 日

參加擴大紀念週，由省黨部苗主任委員培成主席，講解上月廿七日紀念週總裁所講關於解決新四軍之訓詞之要點。繼由陳司令官長訓話，報告解決新四軍之感想，補充說明：

（1）解決經過之事實，及中央之再四容忍已至極點。

（2）力言政府對於解決叛軍及今後解決一切叛徒之決心與力量。國家絕對不會因此而引起分裂為內亂。

（3）國際之同情，絕不會受戡亂之影響。

（4）幾個懷疑問題的提出解答。

張專員召派特務團同學開會，推夏春藩同學擬三月之工作計劃，余與羅演存、朱靖、陸國權負責編輯三月之精神講話教材與小組討論大綱，陳道明、楊育興同學編輯政治課本與識字課本，今日草擬精神講話教材之選材部門分項。

2 月 3 日

擬精神講話教材題卅二則。張專員率余等赴特務

團，在警報中由團長講話，決定暫不下連工作，留住政工大隊，現由團每人發給呢制服壹套，備修理後之服用。本日警報四次，時間大半荒廢，可惜。吳鵬同學囑代寫軍民合作壁報稿壹件。

2月4日

歡送赴湘組設軍民合作站同學出發。選具政部派駐特務團工作人員簡歷表壹份。精神講話教材呈張專員請修正之。購牙膏價壹元貳角、毛巾價壹元捌角、手帕價壹元貳角、牙刷價壹元貳角、銅扣壹付價五角，領特務團呢制服壹套，破舊已極，奈何！！

2月5日

修理呢制服半天，補破襯衣壹件，閱領袖言論集50頁，灰棉制服給老百姓拆洗，司令長官蒞專署視察。擬精神講話稿一。赴香港理髮店梯頭，價壹元，與潘佛海同學洗浴，共費貳元貳角。

2月6日

赴昌處洗臉，知他們失竊，趙分隊長被頭亦偷去了，電台失竊，還講什麼秘密的任務，他們太忽略了！返家，於豆漿店吃豆漿油條，用洋四角。返專署原來大部隊辦公，擬精神講話教材，「總理的偉大」、「三民主義之認識──民族主義」二稿，晚代城廂軍民合作站寫軍民合作站的任務壹稿。

2 月 7 日

寫「三民主義的認識——民權主義」壹稿。晚，同學七人為聯歡起見，共赴得勝園敘餐，每人共費壹元陸角，此地物昂，吃的馬馬虎虎而已。

2 月 8 日

寫「三民主義的認識——民生主義」壹稿。潘佛海同學來，以約余外遊為名，意欲向余借錢，但彼事前以身無法幣而約余洗浴，今仍約余遊而竟謀借錢吃香菸等，洗的衣服，無條件地叫我代他要拿回，這怎使我對他發生了不滿。我對任何同學的急迫借錢，素來一貫應付的，但這種樣子的辦法，我可大不滿意，我認為青年人，又其對同學，要真誠的交際，切不可滑頭行為。潘同學我素認為是一個很好的青年同學，很希望他革除此種毛病。近日來精神欠佳，右眼上角酸痛異常，赴省立醫院診治，醫囑早睡，少看書，返室後睡了數小時，今日報紙也沒有看。

2 月 9 日

寫「行易知難的道理」壹稿。在公共體育場看戰友隊與鶴淚隊比賽籃球，我們的戰友隊輸了，原因是連絡欠佳，人馬調遣未能妥當，故算是錯輸了！閱報，知在華已久之美大使詹森調任駐澳公使，駐澳公使高斯氏調任駐華大使，羅斯福總統的私人代表居里氏來華抵渝，中美邦交，益將增進矣。閱「青年修養問題」壹文，頗有會心處，同學七人，皆不喜運動，故精神俱厭倦也。

2月10日

寫「精神勝於物質」壹稿。張專員來此，呈各同學擬稿壹閱，囑余輩即謄正，謀日後之整理油印，並囑以後務必養成早起之習慣及勞苦本色，俾得日後能與士兵共甘苦同生活也。異黨活動，亦應注意云！今日為古曆元月十五日，俗名春節，施城各處四面山上、大街小巷，遍插油條與紅燭，遠睇四山火龍環繞，誠美景也。城內之高跳、古裝打扮，頗為有趣，龍燈與燈炬遊行頗多，熱鬧之至。

2月11日

謄寫「總理的偉大」與「三民主義的認識——民族主義」貳稿。在五十七分隊打抬球並工作也。陪同老李赴幹訓團探詢電訓班情形，識孫顏福同志。購武裝帶壹條，價玖元，聊充暫時之用也。吃湯元價陸角。早日起開始跑步，本日繼續跑步至北門汽車站，再由城內馬路返室。

2月12日

謄寫「精神講話教材」二篇。天下雪，竟頗懶散。

2月13日

謄寫「精神講話教材」貳稿。辦公室桌椅不敷分配，無法前赴五十七分隊工作，傍晚昌兄之皖鄉同學張韶光、高光輝、曹玉來隊，介紹後略詢鄂支團服務隊情形，彼等則暢談流亡後之生活頗快。八時許收聽廣播，

昌請吃雞蛋，八時三十分返室，即睡。本日購水筆壹枝，以備應用，價壹元，可謂昂矣。

2月14日

謄寫精神講話教材。張專員擴之命進行籌備特務團三月一日新兵入伍游藝大會，同學皆欠藝術天才，余自覺藝術無一稍長，且普通話亦講不好，頗自愧！百無聊賴，意頗悶煩，與陸、楊二同學加油自慰，消耗法幣壹元捌角。

2月15日

此次特務團工作，驟加諸稍繁重之責任，於是同學皆怕於負責，互相推諉，此種原因，第一是團體無人居於領袖地位，同學相處，尚不能彼此瞭解與合作。第二是一般青年稍染社會薰淘後之病態心理表現，此種病源，吾革命青年實應滌盡也。今晚政工大隊加油，大約驟然吃了豬肉的緣故，夜間肚中疼痛起來，大便甚急，竟行出險，真使我無法自解？

2月16日

清晨，赴西外河邊洗臉，並洗衣褲，返室。擬「軍事委員會第二特務團新兵入伍典禮暨游藝大會籌備會組織大綱」壹份。同學開會公推陸國權同學負責上下之連絡。購肥皂壹塊，價叁角五分，洗浴費洋陸角，按洗浴原價壹元，小帳另加，但此次施城平價，已將浴價每位降為陸角也。此後物價上騰之風，或可稍殺矣。

2月17日

擬小組討論題總理遺教之部七則，終日心神不定，往復城中散步，赴店刻木章，給定洋壹角，購信封壹角，計三個。書中大軼叔與李濟清信各壹件，即寄發。晚，赴謁張專員，呈閱邀政工大隊參加游藝大會之公函，並叩詢今後工作如何展開，頗得完滿結果，並指定羅演存同學為組長，負責處理本室日常事務。

2月18日

總政治部電影放映總隊第九隊抵施工作，由本部發起為擴大傷兵之友徵求公演，位於南門中心小學校內。同學們咸負責佈置與維持會場秩序，余被任為查票員。此次放映為「保家鄉」有聲巨片，在恩為破天荒之演出，看眾擁擠不堪，因事先會場佈置欠妥，進口處殊不易維持秩序，場內亦座位不易調整，致握有座票者站著，站票者座著，票價計分叁元、壹元、伍角等三種，本日票價收入約千餘元云。

2月19日

警報連來二次，在西外山坡中擇地席坐，與老楊一塊兒閱讀第一期抗戰總裁言論集約一百五十餘頁，天陽出來曬在頭上，分外覺得舒快意適，真是閱得頗為自得！！本日，約昌兄與韶光等看電影，會場秩序仍欠混亂。

2 月 20 日

擬全部小組討論題十二則，欲求適合士兵的水準來擬定，力求淺顯明白通俗實際，的確是苦的不知如何下筆。昌邀赴青年食堂吃「三仙左桃」，味可口，彼費洋壹元伍角。電影到土橋壩長官部放映，未赴服務。政工大隊晚飯加油，此歡送該隊朱大隊附赴黔江之盛情也。據云朱隊附與密斯王隊員感情頗洽，別此意頗留戀也。本日赴昌兄處，知溫師又清現任職十二補訓處為少校連長。接黃偉華同學信，知周從斌同學與彼俱在溫師處服務。書溫師及偉華信各一件，附昌煦信中發出。

2 月 21 日

朱同學靖的老同學某來此，兩人痛敘別後之情，句句情動余心，即欲謄寫日記，亦苦不得，甚矣哉，情之動人，況天下兒女多情，何得不為「情」所拜倒乎。其同學今晚宿此間，談及服務之靖江中學，王親國戚誠親屬化的學校，校長某為鄂人，圓滑奸偽誠教育界中之老物矣。借朱二番，以供招待。昌即欲赴廿六軍政部服務，同赴南外詢兵站部有無汽車，知有車赴巴東，但過保障則無矣。昌以手冊示余，題留「專技與博學並重，勤慎與恆毅互濟」以互勉。昌之欲去，余將少一傾談之同學矣。

2 月 22 日

赴五十七分隊，知汽車因無汽油，昌又不得赴巴東也。心中再四思量，握筆書一信給英華姊，叩詢抗戰後

之近況，下午以平快寄出。本日，同學輩所寫精神講話教材全部完稿，呈張專員一閱。於電影場看一人，貌頗似蘇鄉同學，追隨至街中，更抵公共體育場，始發現非也，此余熱情鄉友之情所驅也。據說陸同學即將調黔江服務，此後余輩人將更少矣。近日來起床頗遲，跑步亦已終止，可畏哉。習懶易，將何以振奮自勵乎。

2 月 23 日

上午赴政工大隊早餐，那知彼等方吃稀飯完畢，無奈，返室工作，延至十一時許前赴早餐，那知尚不可開飯，真是豈有此理，向特務長詢問，且尚表不快意，人云：「特務長、副官皆可殺」，確有些道理。十二時許飯後，張專員召陳、朱、羅與余前赴商詢精神講話教材之整編事宜，彼對余寫「總理遺教之部」之教材，尚表滿意，同學中陸國權所編者，內容欠充分，命同學輩就原稿整理補充之。查此次編寫教材，有同學憑書抄襲之，豈知天下之事，何有「不勞而獲」之理。可惜！專署禮堂，左懸蘇聯國旗，右懸我國旗，蓋今日為蘇聯紅軍創立紀念日，司令長官歡宴蘇聯貴賓也。赴五十七分隊，擬小組討論提綱三則。

2 月 24 日

重寫精神講話稿「勞動服務的重要」壹篇。晚，昌煦來談，送來雲南玉溪桐哥壹信，余已望眼欲穿，久盼來書，急欲閱之，得睹有父親致桐哥諭，盼家音苦矣，先讀之。嗚呼！豈知余平生最敬愛之祖母，竟於去歲

舍家人而西遊矣。祖母孫氏，自于歸先祖父星耀公，情愛至篤，不幸先祖父志不得展，四十而辭世。祖母撫幼持家，艱辛備歷，創基立業，竭盡勤儉，教育子弟，倡設學校，其德行已為吾鄉咸欽矣。近年篤信佛學，對地方公益，又多倡舉。對群孫至愛，親督勤學為人之道，余平生家庭教育之所得，蓋盡祖母之所德澤也。祖母此次於去歲九月初三日患微恙，延至卅日竟告不治而歸，其間並無病痛之苦，徒以年高力衰，藥石挽救乏力，得安然而謝世，可謂善終矣。彌留之際，又詢群孫、女在外之安否，嗚呼！祖母有知，當諒孫輩之不得忠孝兩全也。嗟夫！祖母享壽七十有三，彼蒼者天，何不假壽以觀抗戰成功耶！又此次喪事，悉尊生前所囑辦理，諒可安慰於在天之靈也。計共用去叄仟餘元云。讀偉青寫的桐哥信，得知芸妹之婚約，已由余家貼黃姓損失叄佰元解約，可慰！桐哥與偉姊、祝三俱服務玉溪教界，甚好。祝平仍在軍政部光學廠服務，亦好。月姊在桂林遭炸，衣物損失殆盡，近已在廣西陽朔衛生院服務。告知家鄉亦物價昂貴，米每市石四十五元、稻二十元，布起碼每匹卅餘元，肉則每斤壹元叄角，較之施城，米每斤伍角，可相伯仲也。遽得祖母辭世，心神恍惚，隨昌兄赴街散步，因昌擬明日乘車赴巴東，邀赴青年食堂晚點，費洋貳元壹角，返室，即睡。

2 月 25 日

赴五十七分隊閱「東西文化的批評」壹書，黃通訊員景同即以贈余。利用灰棉制服之布料，自製短褲壹

條，是為節儉之道也。謄寫前月日記來此冊，迄二月
十一日。赴街遇戰通台長李桂岩自枝桂來，約今晚與
五十七分隊徐報務員星南看電影，並請昌兄約青年團同
志李成功等看電影，余頗以招待為苦，費洋壹元貳角。
接綦江杜宗周來信，知母團有改組軍校學員總隊之訊
云。知余所知，本部之政工大隊與鄂支團之服務隊，為
此間僅有之二個宣傳隊伍，但彼此竟不能合作，時有相
互競爭意氣之事，實使我百思而不得一解，國人之不能
精誠團結也，可悲哉。

2月26日

　　謄寫過去日記來此冊，已告相接，今日起余將以此
冊按日寫作日記，自檢自勵，磨練余之恆心，增益余之
術德。貽蓀乎！此乃汝成功之證卷也。清晨，讀傖父著
「東西文化批評」之「戰後東西文明之調和」與「對
於未來世界之準備如何」二文，頗有心得，而傖父先生
的卓識遠見，又深欽佩，其於「對於未來世界之準備如
何」一文中論及：「故未來世界決非為現世界之繼續期
而為其迴轉期，非為現世界之進步而為其反動」，洵屬
確論。彼即於斯時（民國十二年）為欲生活于未來世界
者，高聲疾呼不可不作下列之準備：

　　（1）勿吸煙飲酒，

　　（2）養成粗食之習慣，

　　（3）勿御華貴之衣服，

　　（4）勿廣廬墓，

　　（5）生活宜簡易與自然，

（6）勿依賴資本及資格以生活。

今日吾人舉目而四顧，烽火連天，現世界已入反動之渦旋矣，今日而欲生活，舍實行上列之準備者外，尚有何生活之可求乎？傍晚散步於施城新築馬路，遇陳司令長官步行道中，昂然之風度，有無愧為民先鋒之氣概焉。赴青年團服務隊，青年同志相敘，熱情揚溢，誠不愧為新時代之青年場所也，該隊工作緊張，熱心社會之服務、抗戰之宣傳，深值吾青年效法焉。近年來主張青年軍事管理者，忽略青年相處熱情的發揚、朝氣的活潑精神，造成青年呆板的生活、機械的精神，實大有急迫改革之要求也。赴公餘劇場看京戲，為秦瓊賣馬與宇宙鋒二段，對英雄美人之遭遇艱苦，深悼同情之淚。

2 月 27 日

清晨，購肥皂壹塊，價肆角，赴西外洗臉與洗汙衫壹件，零用將竭，奈何！今日因同學陸國權、李昌煦要分赴巴東、黔江，故到南外兵監部通信所送行，結果，汽車還是沒有，真是天曉得。在五十七分隊早飯。下午隨同羅、楊、陳同赴特務團參加官兵整隊赴南外歡迎新兵，團長亦前赴，並說明歡迎新兵之重大意義，要義在「精神上的慰問」、「心意上的悅服」、「訓練上的起點」，旋在南外約三里許之公路相遇，分組向各連慰問。余至第六連，與士兵談話結果，知彼等由四十補訓處補來約八百餘名，共六連，皆湘西之辰、沅、瀘各縣人也，於去歲十二月初八在沅陵出發，至今已共廿餘日，赤足走路，狀甚辛苦，但體力與精神尚佳。返室，

寫母團連絡之通信報告一，書桐哥、月姊信各一，信中
有無限之感慨焉。晚赴特務團副官室，商談歡迎四十補
訓處官兵游藝大會事，余等負責佈置與招待事宜也。

2月28日

上午，與朱、夏二同學赴三民主義青年團服務隊與
省動委會戰工隊，接洽今晚歡迎四十補訓處官兵游藝大
會各單位參加之游藝節目，旋赴新湖北日報社與武漢日
報社交涉新聞稿之登載事宜，並赴公餘劇場佈置會場。
六時許，各參加歡迎表演單位蒞場，四十補訓處官兵相
繼到場，由團長說明歡迎意義後，旋即開始游藝。先後
由本部政工隊演出「黃呢制服」、戰工隊演出「炸藥」
等話劇，暨青年團服務隊之相聲等，情況頗為熱烈，劇
情亦深為動人，頗可博得新兵快愉而堅強其當兵殺敵勇
氣也。迄十一時許游藝大會完畢，邀請各參加歡迎單位
於飲食店晚飯，十二時返室。晚夜，自忖諸多事務不克
勝任，愧慄萬分。

3 月 1 日

　　早晨起床較遲，以求恢復精神疲勞，其實青年此種心理，非刻苦耐勞者所應有，當有以戒之也。赴政工大隊早飯，見「軍民合作」壁報刊壹文，諸多語病，且欠妥，審視，知係自己在前月代吳同學應稿者即此文，蓋斯時適患頭痛，未得用心寫作與校正，大意之作，實太馬虎了，以後當深戒之。訪吳同學聲明代為重寫壹稿，意欲將此文刪除也，未卜能成否。寫「總裁的的重視軍民合作」未完。今日寄團部統計調查科報告壹件。晚赴李同學處，寫團部述祖同學壹信，並暢談工作之前途，及回憶在團受訓時之生活，返室。知張專員已赴重慶中訓團受訓，余等今後將歸第一組長指揮工作，但一組遠在鄉間，殊不易請示一切也。在此間工作，一切無名譽、無身分，且無親切的指導，故工作展開頗難。

3 月 2 日

　　在西外清溪中洗衣，水聲和洗衣摩擦聲混成一起，不斷向耳中進攻，同時，說不出的心境和有點像的手冷，更不斷向心坎中進攻。此時，似乎像快樂，也似乎像苦悶，但衣服慢慢的洗得很乾淨，比較了老百姓洗的，覺得滿意呀！繼續早日的「總裁重視軍民合作」壹稿，把他寫完了，交給吳同學，並叫他把原來的壹稿作廢了。今天是青年團戰時服務隊為傷兵之友公演名劇「刑」，我原想去看的，但為了我個性的固執，自己不願去了。晚飯的時候，先去的三位同學竟先吃了，這種情形，我很不贊同。我平生與人相處，常以誠待人，以

謙處人，以直處事，以勤自學，遇到了些曲曲灣灣的
人，實在使我頭痛非常，覺得一肚子不高興。晚間，同
學等談笑自娛，但我的話人家很難聽懂，使我十分難
受。做了一個中國人，不會講普通話，還有什麼辦法，
我真生氣，難道我真的學不會嗎。好吧，下決心，我要
學普通話，做我今年的中心學習去努力！

3月3日

　　上午閱讀在團受訓時所發國文講義，頗為自得。下
午，赴青年團戰時服務隊訪韶光兄，約今晚前赴公餘劇
場參觀該隊為傷兵之友公演之四幕名劇「刑」，並同赴
劇場佈置舞台，按該隊工作同志，僅廿名左右，但工
作之繁重，經常工作即有社會服務、傷兵之友社、後方
醫院、招待站、抗戰宣傳之壁報話劇等。目睹該隊同志
之熱忱服務精神，內心殊為欽佩，又悉該隊同志之伙食
甚昂，尚未獲得軍米之優待，切盼當局注意及之。晚與
夏同學春藩前赴觀劇，演出劇情頗為動人，一般尚可滿
意，他則受物質之限制、人力之不足、時間之短促，皆
有可諒者也。十二時，返室睡。

3月4日

　　得國萱兄自宜昌二十六軍前線來信，知已分發團室
工作，且時可蒞前線觀戰或視慰，近況尚佳。今日，同
學陸國權暫調黔江幹訓團服務，乘車前赴。與政工大隊
宋附隊樹人談，知本團政室團指，將由第二軍調督導員
彭某前來，彭指導員聞係浙江人，軍校六期畢業云。飯

後，因無切實工作做去，而感襯衣破碎，將發生衣荒之苦，故乃決心自己傚製襯衫壹件，利用舊灰軍服之襯布為料，旋即開始剪裁，繼而縫紉，頗覺自得。此雖為女紅之作，但今日現代化之世界，又何分男女之工作耶，平生製衣，此為首次，亦可為在生命史上留下壹頁勤儉耐苦之記錄矣。晚，朱同學自遠方訪友歸，攜有醬肉壹筐，知明日可以吃之矣。在外謀事而得鄉眷，口味可藉得調洽，此誠快事也。

3 月 5 日

昨日代昌煦所取照片陸張，攜五張贈彼之鄉友韶光，壹張余自留焉。清晨，在室大舉打掃，為之清潔而心中怡然。愛清潔實為吾人應有之良習慣也。天氣初晴，十時許即來警報，為慎計，赴西門外防空壕之。本日戰區政部政工大隊預演張自忠四幕劇，精神欠佳，未赴觀也。赴青年飯店吃和菜，味道不適口，每人用去壹元。返室，與羅同學談心，研究為人求學之道，彼見解獨到，頗為余所欽佩，談及改良余之言語，建議第一要慢，第二要不怕羞，從新學習注音字母，購初級讀本學習拼音而讀之，第三要多練習，時常利用機會作講演式之練習，最好在水邊或山頂上練習之可也。當時余即對羅同學作慢之談話，彼認為頗可進境也。

3 月 6 日

晚上睡夢混沌，精神俱感困頓，左眼角又發酸痛，意志之懶惰，任何事覺得煩燥，余每以精神不佳，面無

紅光，身體孱弱為慮，而平生尚無大病之摧殘，或任何之戕害，而竟不強壯若斯，果理之安在乎？自思精神無所寄託，神志分散，氣悶而積，心境不得舒暢，或為主因也。來此後，迄今無工作之重心，精神將安所寄乎？青年之煩悶，又誰賜歟！？同學輩詢余為何不設法謀進大學求學，而自思學科泰半荒廢，目前又無一書足為溫習者，自修又乏指導，精神不得振奮，奈何！苦矣！余之遭遇不良若斯，而奮鬥自勵之心志，軟弱若斯，前途將若何乎？欲謀擇一學科而稍專心攻讀，又苦不得其門，余將究欲為何乎？同學中有另謀善道者，余徒作望洋興嘆之淚耳。晚，赴公餘劇場協助本部政工大隊演出「張自忠」四幕劇之會場佈置，贈票貳張於青年團同學張、高，請彼等前來觀劇。本劇係老舍先生所寫，係一歷史劇，注重張將軍之報國史實報告，故劇情與劇意頗不能為一般水準下群眾所歡迎，但演出尚算「好」，較之青年團戰時服務隊之「刑」，似乎大家差不多的樣子。

3月7日

早飯後，即決定前赴譚家壩政治部第一組見羅組長念茲，請示今後赴特務團之工作問題及其他附帶之諸問題。當隨同朱、陳、楊三同學沿南門公路前進，舉目四眺，春色悠然，低頭迴思，江南草長，正桃紅柳綠之際，心中無限悵然！精神萎頓，雙足乏力，舉步前移後仰，翻過曲折山路，煞是費了九牛二虎的力量。好容易到了秘書處，問訊明白了，再爬上山頂的第一、四、五

組辦公處，此地有同學見習啦，當然就到他們寢室小休息，李意仁同學報告了組長，我們就等著見面。談話的結果，知道特務第二團政治室已奉總政治部令正式成立，且本部已委調第二軍政治部七六師二二六團團指彭吟芳（暫代一〇三師督導員）為團指，據云，彭團指係湖南大學肄業，中央軍校軍官研究班政治科畢業，任職政訓界已有十二年之久云。洲、王兩組長當即徵求余等同意，公推朱靖同學為負責人，在彭團指未到任前，為適應特務團新兵教育之急需工作起見，先行由羅組長指導，著朱靖同學以代理幹事名譽，負責處理政訓室日常事務，先行成立開始工作。當即備文，完成一切公事手續，委余等為代理政治指導員，並借支貳月份生活費及三月份辦公費等。此後，余等大約於數日後即可抵團工作矣。

第一組組員陳壽昌，係無錫里園人，本團四期同學，相談故鄉情形頗暢，又知特黨部（專署）亦有四期同學徐道卿，且係江陰老鄉，聞之頗慰，擬返室後即訪之。返城時已晚，旋抵政工大隊炒冷飯而食之，自己加煮紅燒豆腐與雞蛋壹個吃得很好，飯後即赴施鶴浴室洗澡，計吃菜洗澡共用洋壹元肆角正。探詢特務團概況，團長為邱行湘，係軍校六期生，前服務於第十八軍云，該團為三營，十四個連，分駐情形為恩施駐一、二兩營，共八個連，黔江為三營共三個連，重慶、江陵、衡陽則各駐一連云。

3月8日

清晨，洗滌襯衣等物後，即早飯，旋領二月份生活費 34 元，又朱歸貳元。赴政部見前方同學友樵等來信，知皆於第一線工作，但工作展開非易耳，另一方面以無書報閱報為苦，請設法贈送，惜余亦無法耳。（丁之一級編制：全月經常費 $526 元、團指中校 $124 元、幹事少校 $100 元、助幹上尉 $66 元、少尉司書 $42 元、士兵貳名 $11 元、副食費 $8 元、辦公費 $50 元、草鞋 $1.8 元、事業費 $60 元、伕什費 $40 元、官佐主食費 $16 元、士兵主食費 $8 元）。

因明日上午十一時即欲赴軍委會特務第二團下鄉訓練新兵，故急需準備一切私人行裝，計購行軍袋價 3 元 5 角、肥皂 3 角、郵票 1 元、信封 5 角、十行紙 5 角、線 2 角、鈕子 2 角、購抗建畫報貳冊 7 角、鈕釦 2 角、吃麵 5 角，共用費約計 7 元 6 角之多。政工大隊伙食共算二月份 16 元 4 角 6 分、三月份 4 元，共 20 元 4 角 6 分。晚赴五十七分隊，得桐哥信，閱讀之下，悲憤與慶欣並生，為吾家遭婦禍之烈而怒髮上衝，為吾前途幸福將另闢樂園而無阻為快，今後余將步入更加緊奮鬥之途矣，否則何以自慰與為大丈夫乎。又在未赴五十七分隊之前因對同學羅、夏等之行為不滿，一時意氣用事，竟性情暴烈出軌，於事後將油燈擲之於地，似可憑而洩氣者，然此乃大錯也，表示余之修養不足。

本日報載國民參政會第二屆第一次大會，電請共產黨參政員出席大會共商國事，務求親愛精誠，團結禦侮，深盼憬然覺悟等云。此種代表全國民意的大聲疾

呼，為全民意志與熱望，吾人為達到總裁所訓示「抗戰
必須爭取最後勝利，建國必須保障國防安全」的抗戰建
國目的，尤深切希望共產黨勒馬懸崖，共赴國難。以國
家民族之利益與生存為重，否則，政府為貫澈紀綱，祇
有解決一途也。

3 月 9 日

　　上午，整理行裝，準備於十二時前赴特務團新兵大
隊工作，約九時半，抵飲食飯店早飯（4 元和菜），旋
返室抵政部向同學等告暫別，並赴髮室修面（3 角），
繼抵團部語朱團副，派二伕擔行李出發。途經東門時，
赴青年團服務隊一別，過渡時，請五十八分隊張烱致昌
一電。一路上坡山徑，天頗熱，伕甚累矣，約路程十二
華里，即抵新兵大隊宿營地之「外河簹」。此處有農村
散居者七、八小村，適足駐新兵四連，且設一大隊部
（指揮部）與一醫務所之用，困難者為營地房屋尚太
擠，現各連皆擬自力建造茅屋應用，飲水須下山抵流溪
汲取，亦頗困難。山中農地甚少，廣場更無，故操場亦
生困難。方抵時，即看見新兵開山而修操場也。大隊部
屋甚小，因團長赴城，故不得決定住大隊部或下連，暫
住大隊部云。晚飯後，赴第三連巡視，見該連長鍾壽
慶，略事寒暄，彼甚忙即赴指揮一切，按該連營房甚
擠，尚有一排另住他村，管理與教育似有未便，但目見
新兵精神飽滿，發給新襯衣時，皆面露笑容，可慰。

3月10日

因指揮部有事請地方保甲長及營房戶主吃飯，即前赴第四連巡視，該連營房較大，操場業已修整。返隊部，團長已返此宴客，畢，即與余等談話，暢談彼過去之如何協助政訓工作，及政訓工作之應如何推進，與今後本團政訓工作展開之期望：

（1）決定余等四人現住大隊部工作。

（2）決定於後山闢操場，舉行升旗，利用作精神講話。

（3）擬築中山室壹座，設立圖書室、俱樂部、運動、戲劇等組，以備官兵同樂之所。

（4）目前先儘量解決衣食住行問題，求其安定，然後方可教育。

（5）中國無不可教之兵，官長要絕對負責，做到「官兵的精神與生活打成一片」，向此方面去到連部基層和士兵刻苦耐勞，共同生活。

（6）今後本團要做到「士兵面露笑容的在營房」，此原則為帶兵的最大成功處，本團長向此目標努力，故此次親自下鄉訓練。

（7）談到「戲劇」，演員必須具備了天才外，尚應有好的文藝根底，及訓練時的嚴明紀律。

（8）本團今後政訓之任何困難，皆可負責解決，工作重在實幹和執行檢查，發起工作是不算數的，將來無論什麼，還要做到「不仰於人」的政工原則。

（9）此處營房，整理後將繼續應用為訓練之所。

（10）青年人余最喜接近，青年應於今日在身體、學
問、經驗、道德上建立基礎，此種價值偉大之
收穫，決非今日任何物質待遇可與倫比者。

旋談話畢。閱陳部長柳州會議訓詞、張部長對本部
訓詞各壹小冊。團長告知九日報載共黨提出荒謬條件凡
十二條於國民參政會。閱本日報，讀總裁對於共黨問題
向參政員表明政府立場與態度之訓詞。衷心對於領袖
之於內憂外患圍迫中，堅苦為國奮鬥，爭取生存獨立，
實十二萬分崇敬而願為效忠也。同學中因平日私生活失
檢，故來此後仍有不良好之行為發現，如吸菸及隨地吐
痰等，處事不得認識環境，不惜稍為犧牲個人利益，實
亦使余不滿也（住的方面）。午夜思維，國難正殷，家
破省淪，無限沈痛。

3 月 11 日

清晨，稍為整理物件，旋即閱讀書本，並謄寫前
昨貳日之日記。飯後，邱團長邀赴各連巡視，一般之現
況，皆忙於整理營房及環境的清潔。巡視時所得印象有：

（1）團長特別注意各連之廚房、廁所。
（2）新兵營舍之分配、搭架。
（3）新兵之衛生——令洗衣後為澈底消滅虱子，
叫各連長薰煮衣被。
（4）操場及講堂設備。
（5）大隊集合場之開闢。

本人發現之改良處為：

（1）廁所應求有洩通之設備。

（2）士兵營舍最好光線要充足，一律用草鞭子求其整潔。

（3）滅虱除蚤要徹底執行，各連今後要舉行衛生的健康比賽。

（4）各連講堂皆付闕如，應設法補救。

（5）大隊集合場之開闢，應加強指導作用及工作效率，困難者為迅速完成計，亦要炸藥炸開之。

各連之環境，比較為第一、二連營房完整和較佳，第三、四連則散居而較差。返大隊部後，即同團長於大操場指揮新兵開闢操場，工雖困難，但士兵工作頗努力，惜工作不能利用智力，徒費勞力過度，得團長指揮後，工作效能驟得倍增。閱報，知第二屆國民參政會已於十日閉幕，共歷十日，成績圓滿，由總裁致閉幕辭，且發表大會宣言云。晚商討今後工作重心，審查前寫各稿，並相互勉勵力矯舊習慣，振作發奮。

3月12日

本日為總理逝世紀念日，因新兵初到，尚未開始訓練，故未領導舉行紀念會，聞城內各連，曾參加大會植樹云。清晨，書桐哥壹函，要點為：

（1）英華事可致函家庭，以快刀斬亂麻之法解決的一乾二淨，此實余之幸福與前途光明，亦吾家庭之福也。

（2）芸芳妹與月芳姊俱得先後解約，此為莫大快慰事，今後芸妹之婚事，又應注意彼個人之前途幸福，不可絲毫挾帶其他關係或作用而

遭誤後禍。

（3）要致函贊叔請注意家庭之洽和，勿受婦禍。

（4）店事宜求穩妥發展，以立吾家中興之基業。

（5）請寄批圈大學一冊前來。

飯後奉團長命令，隨同吳副官出發各渡口巡視，計到鴨溪渡與長沙河二處，翻山越嶺，共走路約五十餘里之多，山路崎嶇，力士鞋亦為之破矣。查此行目的，為防止新兵之逃亡，故曾訪問居民，告以捕逃兵壹兵，可領賞五元。自十一日逃跑壹名後（四連），今日一連、三連、大隊部俱各有逃跑發生，情甚嚴重。現當局正謀補救之辦法，但新兵得此待遇而尚欲逃亡，實太無良心與愛國心矣。

3 月 13 日

清晨，奉團長分派再度前赴長沙河巡視警戒哨，與楊同學同行，先隨同吳副官與第一連李連長志亮帶士兵一班在磨盤井附近佈警戒哨，向蔡家河與鴨子塘警戒，旋抵鴨子塘後即由胡益臣（一連文書）領路抵長沙河巡視，訪吳排長略詢概況後，即向中途口（渡口）出發巡視，彼處亦一渡口，位於鴨溪渡與長沙河之間，過去忽於偵察設哨，擬明日即行派哨矣。本日路途遠過早日，爬越高山數座，老楊為之疲矣。下午六時始抵隊部，肚子已空空稍飢，但精神頗佳，自覺勞動之收穫，可增益余之身體強健也。一路荒山大半尚未開墾，未足盡量利用土地，急待開發之。山村桃李爭妍，大自然之春景實使人心曠神怡，憶及江南之美景，更使余神往矣。何

日得驅盡倭奴，還我江南，以售余願耶。今日夏同學
春藩前來，此間又可多一工作良伴矣。今日抄錄陳主
席所講「抗戰與革命──幾個實際問題的檢討」的提
要，並閱全文。

3月14日

今日沒有到渡口視察，整日的時間在隊部工作和閱
書。清晨繕寫給政治部的呈文貳件和報告一件，因為沒
有繕寫公文的常識和經驗，時常發生懷疑的地方要考
慮，「書到用時方恨少」實在是至理名言呀。姚同學給
我借來了玖本參考書，內容很豐富且合乎需要，內心無
限感奮，挑了一本「公務員與公文書」就先看，緣故就
在先解決「公文書」處理常識的補充，就一口氣看完了
半本關於公文書的幾篇，的確明瞭了很多。我現在是踏
進了國家的機關做事，應該身列「公務員」之林了，怎
樣做一個公務員，當然很著急瞭解呀，也就很快的瀏覽
各篇所述，他說到一個公務員在完成他的基本技能上，
必須具備三個條件：

（1）學校教育所得到的基本常識、技能；

（2）在縱的經歷中所得到的事務上的處理方法；

（3）在橫的觀摩中所得到的業務上的關係性與相
　　　互間的運用。

談到品行方面：

（1）在儀禮動作待人接物方面，應有儒家的風度。
　　　但偏講儒術專重應付的，要防止過於圓滑，
　　　近於虛偽。

（2）在趨承供奉安身立命方面，應有道家的認識，但偏重黃老專講幽默的，要防止過於敷衍，近於陰謀。

（3）在處理事件，執行職務方面，應有法家的規律，但偏重申韓專講推敲的，要防止過於精覈，近於刻薄。

談到應力戒之劣根性有：

（1）驕恣、

（2）卑汙、

（3）浮夸、

（4）頹廢、

（5）矜躁、

（6）遲鈍。

談到應有的良好品行有：

（1）高潔的襟懷，遠大的抱負；

（2）耿介的氣節，深摯的同情；

（3）豐富的頭腦，縝密的思潮；

（4）敏銳的眼光，靈活的手腕。

談到常識，應有：

（1）政治常識、

（2）社會常識、

（3）財務常識、

（4）軍事常識、

（5）法制常識、

（6）其他藝術、交通、郵電、出版、商業、公文等等。

今日，約上午十二時許，敵機十一架來襲施城，據電話消息西門被炸甚烈。本日楊同學赴城，請寄發王友樵同學、張柱發隊副信壹件，並托代購黑布壹元，計貳尺，以備修補鞋襪之用。余處事為人，小處尚無經驗，常為疏忽、輕視，朱同學社會經驗較富，常有以矯正之，總之，以誠相見者，余受也。

3 月 15 日

清晨赴大隊部後面大操場視察，查此場純係山石開平修成，已費去新兵之勞動服務壹星期矣，完全利用人力與鐵錘打碎石頭云，團長每日親臨指導監督，頗俱恆毅之決心，有志事竟成，填海開山，今有何難哉。隊部門前之茅屋，亦已完成十分之七八，士兵在今日實在是萬能的勞動者和創造家矣。今日余在室草擬本室新兵訓育工作綱要及全期實施進度表，完成稿底。楊同學自城返，知被炸甚慘，西門外炸死有數十人云，專署落彈貳枚，未炸幸矣。得父親自蘇來諭，快慰莫名，年來久鮮家書，豈萬金之值足備比哉，近年家庭能從一片瓦碎堆中復興，此浪子稍得慰者也。吾家誠能得一賢能主婦，此亦足慰先母之靈於九泉也，店事復興，已在對門建立高房，從此或可培植根基也。英華之事，余已決心為之斬草除根，故書父親解除一切關係，是則余之前途光明幸福，憑余之努力，必可追求矣。穎弟棄學習商，雖似可惜，但值此社會惡化太甚之際，法治且無基本，吾家無官場之背景，欲求發展亦屬難事，則自力而商，當足可慰。但國學為國人之本，書囑力學國文為要。店事則

總望能穩妥發展為上策。朱同學赴城，電話知五十七分
隊幸未被炸，可慰，本室成立後一切已漸上軌道，今後
將加緊奮鬥工作也。閱報，知鄂西近日已獲大捷，敵此
次集結數萬西犯，遭我擊退，可證敵之勢疲也，老李到
曹家販就打勝仗，心中也快樂。

3 月 16 日

　　擬訂政訓員室新兵教育訓育工作計劃暨全期教育實
施進度表，赴第一連巡視與李連長志亮商詢壁字標語製
法，此時頗覺自己藝術字毫無把握與經驗，方覺自己學
術之淺陋矣，謀利用機會學習方塊字及美術字之。朱
靖同學自部返室，知本室成立事已完全無問題，且據悉
本團之指室將有大批母團模範指導員前來服務，快慰得
很。政部分發同學書三冊，政工手冊誤領為抗戰手本，
謀將來調換也。同學等共赴各連巡視環境，已泰半整理
完竣，其中以第一連為最佳，余等審視四週牆壁，計劃
製整齊劃一而醒目之標語，藉增教育之宣傳效能。返
室，各人感覺新兵教育即將正式開始，欲求工作之切實
開展，期有收穫，勢非下連工作不為功，乃集議決定下
連工作，俾行實幹之精神，協助部隊長之實際訓練，把
握士兵之生活與心理，期收政訓之最大效能。由朱代幹
事派定余暫赴第二連為政治指導員，余亦同意之。近日
瘡發甚劇，心殊不快。

3 月 17 日

　　清晨，在晨光稀微，鳥語花香的時候，大隊官兵，

排著嚴整的隊伍，個個雄糾糾氣昂昂的站在新修山坪中，舉行著莊嚴隆重的第一次升旗典禮，由團長親任主席並訓詞，說明對於本團新兵教育之期望與苦心，並對升降旗之意義詳加闡發，旋介紹各同學之任務與擔任各連之番號，夏春藩同志為一連，余為二連，陳道明同志為三連，楊育興同志為四連。今晨早餐，打了一次野雞（加肉），頗可口。整理衣物，下午六時即抵連部，與李連長等暢談連上情形，因營房屋少，臨時與華排長習之共鋪，相談受訓生活及志趣頗洽，今後工作想可順利進行也。

3月18日

今日為來連之第二日，諸事尚無頭緒，情形亦欠熟諳，故先就單純工作方面著手，計劃於講堂繕寫黨員守則與軍人讀訓，打好格子後，請夏同學代寫，軍人讀訓繕寫完畢，黨員守則牆毀無法繕寫，華排長熱心佈置環境，尤於圍牆製壁字數幅，余誠感謝其工作熱忱。代繕政訓室工作之報告一件，頗費時，私覺方塊字需用甚著，謀找機會學習之。代朱幹事借灰被單壹條，由彼具借條給李連長。決定鋪位於老華一塊，俾得與士兵同甘苦，而與老華同學習也，此番來連，原抱學習之態度，諸事多以謙禮待人，謀人和而後得工作推行順進，並藉增個人之經驗也。士兵病者頗多，而休養室則無屋闢置，呻吟於各班之中，影響全連士氣頗大，急謀有所解決之法。又此次來團同學，皆缺乏藝術天才為憾。

3 月 19 日

清晨，全大隊集中大操場做工，邱團長集合全體官長點名並訓話，要點有：

（1）新兵大隊是本團之生力軍。

（2）新兵大隊是你們的軍官學校，非但練兵，同時是團長來訓練幹部。

（3）要切實研究帶兵、練兵、用兵之道，要知「能帶兵而後有兵可練，能練兵，而後方有兵可用」，帶兵實為軍官唯一重要本領。

（4）帶兵之道，有謂「公、明、勤」三字，團長則謂「勤、明、公」，蓋能刻苦耐勞，自己勤於士兵之先，然後處事方得其明，明而後得公也。

（5）此次士兵逃亡之原因，皆係幹部隨便、馬虎、懶惰、沒有計劃所致，臨時又無戒心，常此以往將不堪收拾，過去逃亡之理由，限令即日報究，從輕處分，今後逃亡，從嚴處分各級主官負責人。

（6）本團今日之作風，在：

A. 實在、

B. 澈底、

C. 苦幹。

過去一切惡習，吃空、敷衍、表面、浪用勤務兵皆應革除。

（7）密與士兵接近，限三星期內認識全期士兵。

（8）一律穿草鞋。

（9）訓練重心──野外、射擊、劈刺，不要空洞的
　　　制式或正步。

今日工作：

（1）繕寫士兵名冊，

（2）病兵談話及解決病兵問題，

（3）識字士兵調查，

（4）代夏製壁字，

（5）整理鋪位，

（6）巡視營房環境及視察各寢室情形。

整日頗忙碌。

3月20日

　　星期四，清晨於六時舉行升旗典禮，本連因時間未
能正確，早起床約一時半（照例五時起床），今後宜設
法大隊部說一時間之正確遵守。大操坪愈形擴充，原計
劃為二連應用，現已改為大隊之操坪，計先後已用去
火藥（打炮用）約十餘斤，團長抱最大的決心，預計於
本星期內完成。老夏代製黨員守則，真是馬馬虎虎的，
此種助人應出誠意，在余則為必守之道。今日在營門口
製壁字「國民公約」，此是我破天荒第一次的試驗，倖
而還可勉強應付過去，今後擬于日常應用之字體，選習
一、二種，以資日常之應付。覆軼叔信，勉相與國文與
書法稍微留心學習，此余讀彼來信國文欠佳之感觸也。
晚與李連長談病兵問題，苦無適切之解決辦法。今日伙
伕跑逃壹名，乃藉故病兵而溜者。到此後尚未洗衣洗
浴，痛苦至極矣，瘡發更苦。

3 月 21 日

自己急於謀工作的進展，而苦無得心應手之作法，隨時覺得能力太弱，學問太低，經驗太不夠也。病兵呻吟，苦無適當解除其痛苦之法，內心無限愧痛。與王班長談話，略詢補訓隊情形，知連上士兵，有少數尚係各級徵募與訓練單位臨時捉拿而來，係屬當兵之逃亡或強迫之應徵者。幾天沒有看到報紙，悶得很。今日吳老板（房主）請客，邀了大隊部的官長和連上全體官長，老百姓對於軍隊，實在還算不差，菜是相當的好，用小米（粟米）和糯米做飯，有一股異香撲鼻，我是破天荒吃到此種飯，更覺得味道不差。腳痛可慮。

3 月 22 日

病兵頗多，往來教室天井之中，形甚憔悴懶散，隨處攜著草墊，或坐或臥，真是亂七八糟，不勝其頹唐，余目睹斯況，內心實寄無窮之同情心，該彼等能為國出力，接受訓練，理應給與好好訓練，儲為國用，但值此國家物質艱苦之際，醫藥設備之補充，實萬分困難，吾人唯一治本辦法，厥為注意士兵日常之健康，增進其衛生一法。余為明瞭本連士兵病況，乃親自集中病兵舉行個別慰問，調查其病況，擇輕病者，令其自行講故事與散步，俾免懶睡成病，稍重者，一一命第一班李啟湘（兵）診治，服用中藥，計赴城服中藥十六帖，共價洋拾伍元，此款皆由連部代墊也。連長能對士兵多方招顧妥貼，故本連從未有逃亡者，病兵雖多，然除輕病外亦

僅四、五名而已，想服中藥後，此等輕病，皆可獲愈
也。據聞，第四連逃亡士兵十二名，殊屬駭人聽聞。前
日則捉回一死的，跑一活的，真是倒霉之極，似此，可
知新兵訓練之困難也。

3月23日

　　星期日，天陰雨，第一次與士兵談話，講堂一課，
略談今後工作的中心，士兵似尚可聽懂，但自覺言語太
不普通也。製識字之活葉教材，並調查士兵識字情形，
俾便分組教育。辦公桌沒有，曾數度問特務長代借，
或設法調用其他者。來此間後諸多擾亂華排長之工作，
辦公則反客為主，此實余之不對處，內心萬分愧對老華
也。此次下連工作，辦公費是沒有，自己又是窮光蛋，
指導員又是地位困難，更何況沒有處人做事之經驗，真
是苦煞我也。

3月24日

　　與士兵個別談話約數十名，考查識字者約佔三分之
一，有此識字水準，將來之識字教育推行掃除文盲，或
不致發生問題矣。擬訂本連識字教育之計劃且舉行士兵
之識字調查統計，舉行分別編組分班，採用「小先生
制」施教，本日即行開始，製活葉字貳百個，用竹製字
夾掛用之。近日從到連工作後，在個人方面可謂已竭盡
力量工作矣，無難受能力、學問、經濟、人事、權力之
限制，不得稱心耳。新兵舒得壽病甚劇，頗為擔心，
由醫務所主任診治之。近日來其餘病者，皆因調治得

法，漸漸少矣，僅五、六名而已。政訓工作甚難把握重心，更難有事實之表現，余恐人貽笑，除自己自勵惕事外，故擇識字教育為本連政訓中心，謀全期教育中掃除文盲之。

3 月 25 日

上午，政訓室舉行業務會討論一為專門呈政部之工作報告，文字工作就夠我們五人忙一星期，正是覺到在人力不足的情況下，不得廣開實際工作為憂，而我祗喜事實之工作，故又討厭之。與各同學到各連參觀，環境佈置殊欠佳，皆因經歷毫無，初此作事所致也。華排長所製之壁字，團長意謂太藝術而塗毀了，空了的地方，沒有撤佈，我又怎辦，乃同意於李連長後做白底圓圈製標語之。與老朱談及彼之家庭情況，無限寄於同情之淚，彼堅欲這家親視，余及同意，蓋「忠臣必出孝子之門」。今日世道衰微之際，節氣忠孝沈淪，為人模範者，更應提高，奈有坐視家破母飢棄子女不教育之理。

3 月 26 日

上午製新壁字「驅逐倭寇、還我河山」八字，第一次製壁字標語，的確相當擔心和恐懼，結果勉強像字而已，國民公約和黨員守則，也修補了一下，預備環境重行整理也。晚赴政訓室，購老朱杯子貳只，費洋壹元。談及壁字，知團長對於白色，今日已在五峰山發現目標太大了，我做事未能周詳考慮，致有此失，但第一次之教訓，即學問也，我當謀設法補救之。團長意欲余等作

民訓工作、訪問民眾，二十里內俱到，但余意此種工作，總不免有些是「防止逃亡」的舍本逐末辦法吧。試問放棄了現實的對象——士兵——當沒有辦法防止逃亡之後，再來防止，或求捕捉，究有多少把握呢？

3 月 27 日

舉行升旗典禮後，大隊長集合連長與指導員談話，決定各連矯正國歌之錯誤處，並實行新居起時間表，規定值日記載格式，對於各連班長之放任，宜注意管理。返連，即將壁字白底塗改紅土色，並製精忠報國四字，此種工作，初次試驗，內心有無限之膽怯，怕製的不好而遭人暗笑，然事之既來，無法逃避責任，膽大做去而已。

3 月 28 日

識字教育推行以來，快將一週，因全連士兵集合無機會，故尚未檢查的可說沒有實際開始教育也。今日公佈欄製就，並請華兄畫了一幅中國分省簡圖。天氣陰雨，政治課是領袖史實，因為士兵智識太淺、言語多欠通達，故講解力求重心點之再四伸述，並提問答，俾士兵能得略記要點也。據悉李俠同志於枝江被炸殉國，報國未酬宏志身先死，實無限沈痛，此仇此恥，皆吾人後死者之責也。

3 月 29 日

擬政訓室識字教育實施草案壹份，書虞子貞、吳文

燾二兄信各一件。虞、吳二兄之通信，因去歲遭誣故而失卻連絡者，今日提筆之際，一念及去歲之事，實無限悲痛，而更痛恨於國人之思想分歧為患於純潔志也。閱報，知蕭伯納對中央社記者發表之談話謂：現羅斯福總統已接受中國蔣委員援助之要求，是美國實已與中國並肩作戰，中國之驅逐倭寇，實操有最後勝利之把握也。設中國共產黨今日欲再蹈昔日蘇聯革命時之歐戰議和一舉，實屬錯誤與不智，其結果必遭世人之唾罵。此誠洞矚我國情之確論，亦一有眼光遠見之政治家應有之認識也。中共今日果喪心病狂，為一黨之私而出賣祖國，則殆將為國法所不容，亦將為歷史千古之罪人也。

3 月 30 日

　　隨大隊長及各連連長指導員赴各連視察內務，本連之環境衛生欠佳，內務整理之程度亦較他連為遜，此則近來得較為名譽後之驕氣所生也。回連，已開飯，之後士兵即整理環境。余則整理內務，詎知斯時做工（整理環境）之四班士兵諶鴻錫、李林學二名，竟乘機逃跑，旋值星官發覺，已有時許，派人四查，訪查未得下落，按該兵等日前尚個別談話，告之國家民族利害，頗知為國效力，且本連之優待士兵，可謂竭盡苦心，本團之士兵待遇，可為全團冠，士兵尚不覺悟，而盲目逃亡，痛心殊甚！

3 月 31 日

　　大隊長的意思，要我們發動民眾，召集一個國民月

會，日期就是四月一日。朱幹事允諾了，商於我們怎麼
進行，余賦性爽直，認此種無準備的發動民眾，實可待
之後日舉行方可，否則一旦失信於民，必將影響今後
工作，故表示召開該會有考慮必要也。朱意不快，在余
則對事而言，早已把對人置之物外矣，結果，仍欲召
開。早飯後乃赴 98 保發動民眾參加國民月會，成績似
尚可，豈知返隊時又遇朱幹事，告知邱團長意，該會暫
停召開，已停止進行也。無法，回保長家通知停止召開
之。按吾人無論做何事，必先有詳密考慮與計劃之準備
後乃可，否則，事之不濟也立見。

4 月 1 日

　　新兵張在起因病暴卒，憐其為國效力，忠志未酬而亡，實為痛悼，爰商得連長與各排長同意，優為葬之，並為祭奠，亦所以慰死者之英魂而激生者之奮勵也。新兵赴天橋前之白菓樹搬運軍米，因軍需室不遵守時間之正確，致誤全大隊官兵消耗四小時許以上之時間相候，查此種軍屬人員之怠忽職守實可痛恨也。晚九時送部隊渡河後返政部，閱秭歸縣府電，詳悉李俠同志服務縣軍民合作站被炸殉職，部方為紀念計，定於在軍民合作旬刊為之出紀念刊也。

4 月 2 日

　　得三月一日桐哥自雲南省立玉溪中學來信，勉「學力與能力非一旦可致，必積之以漸，能力須自事業中磨練而出，學問與經驗皆可與時俱增」、「需要之際，學習倍覺容易」、「任事而富熱情，則事事感興趣，而非勉強，更以體力繼之，自不可畏挫折，再接再厲」。又勉之胡適之先生治學之法，「凡一種學問，非經過苦心之整理與組織為文字言語，則不可成為自己的學問」、「練習寫作與公開演講為治學之良法」、「廢紙牋函在在可以利用，種種事物，無不可吾供材料也」。又關於家庭者，「琴妹之事，父親自有主張，『匈奴未滅，何以家為』」，「已非佳偶，可挈然置之」，又告知在滇物價騰貴，面布一條六元五毛，可謂荒天破矣。附著芸妹自蘇來書，屑瑣詳述家鄉故事，字裡行間，手足之情，宛然繞紙與可念也。偉將添麟兒，可賀可慶！又多

一弟弟，未卜名何也。

4月3日

　　自製黨、國旗各一面，余素不近藝術，故黨、國旗亦首次自製也，國父遺教仍請華排長繪之。旁晚與團指談話，竟欲在赴城道路顯明處，繪製統一標語，然同學中無一稍擅藝術者，將奈何之。人恆譏政工人員為「賣膏藥」者，然此藥誠不易出售也。赴王瑞卿家請客之。

4月4日

　　連上病兵又復增多，此皆自己不注意身體所致，少數更太不明大義，常思潛逃致勞傷神，平時貪吃懶動，病又是起矣，可恨又復可憐。「君子愛人以德，小人愛人以姑息」，病兵如稍姑息，則病決不可好，將病重而喪其生矣。

4月5日

　　此間士紳王瑞卿之子王洞書新自利川聯中放春假返里，攜回校中印發大批徵求傷友之證卷，意欲在本大隊發動徵友，此種青年熱誠，余實萬分欽慕。但本團官佐業已數次應徵為友，今大有力所不逮之苦也。余乃以此意告彼，並與謀在鄉間發動，決盡力為之協助也。近日連上傳染性之頭痛發熱症流行頗劇，即身體之稍強，染後二日即不起矣。余心中俱為慮之，苦無適當之辦法也。

4 月 6 日

憐病兵之痛苦，邀林主任前來分別打針注射診治之。補授政治課，士兵程度太低，講到「歐洲」、「元首」即不懂矣。奉令赴第 100 保與九十八保調查訪查，與陳道明同志共赴，在鐵廠李保長家晚飯，尚可。據調查所得，地方保長頗為擅勢云，98 保保長為最也。

4 月 7 日

余擔任升旗典禮司儀，係屬來此後首次，過去亦少練習，故勉強而行之，古云「困知勉行」，余或可從勉行中有得乎？

擬政訓室工作綱要壹份，給朱幹事之。僅列其可行者而酌定辦法，戒虛文也。近日覺時間之控制與支配不易，而成功之要素在善用時間，宜乎有注意必要也。

4 月 8 日

奉政訓室令至 98 保通知明日於王家召開談話會，請保甲長士紳出席之，旋赴王家商洽明日借貴府開談話會，繼於王家遇楊連指，相邀陪赴第 100 保一行，天氣亢熱，余服衣太多，故頭微暈也，返連精神困倦。

4 月 9 日

提先與軍需早飯，擬赴王家參加談話會，但頭覺暈眩，意頗懶散。赴政訓室詢可否不去，知可不去，乃罷赴會之。得述祖學兄自綦來信，並附寄黨證九枚、團證貳枚，母團則改組尚未定也。晚，意欲提早休息，但

適新兵周耀千流鼻血甚劇，華與治之。連長則為營舍問
題，急於病兵之多，悶悶散步謀解決之法於我室外，余
乃共與謀解決之法，但時精神實欠佳耳，晚即發熱，微
有頭痛矣。（本日已請醫吃藥，頭昏甚劇）。

4月10日

今日為大隊升旗，余為司儀，乃支杖而赴大操坪
也，但精神不佳，自知不能擔任此職，況今日團長蒞
隊，勢必訓話甚多也，乃商請老楊擔任司儀。果爾不出
所料，團長訓話甚多，余勉強站立，初又可，漸不支，
乃退回政訓室休息之，團指借余洋拾元，借我病中用
也。晚，頭痛益劇，口中苦而無味，開水亦不能下嚥，
令傳令兵取草湯而喝之。接月芳與祝三來信，視之半，
而頭昏甚劇棄之。

4月11日

勉強赴醫務所求診治，知李司藥亦病，同屬流行性
傳染之頭痛病，彼告知赴三連爬山後流汗，然後吃藥比
較有效，余乃如法行之，下坡上坡，真的累的我滿頭大
汗，疲乏至極。返連服藥，剛吃則嘔之矣，繼睡，發熱
甚厲，口喝則苦不得開水，更苦開水不得下嚥。是此發
熱與頭昏加劇，延至晚間睡時，鼻已為之流血矣，取涼
水一面盆澆頭而拍之，夜中，用口呼吸，渴極要命，鼻
則仍繼續流血也。天明，知襯衣與枕布流血為汙矣，取
涼水自洗之。

4 月 12 日

　　鼻血流不止，痛苦極矣，自取涼水拍頸與額也，仰時忽止，然血返流於喉，更為之嘔血矣，乃垂頭為之盡流，鮮血滴滴流下，自己心中慘然。無奈，乃命兵叫華排長回連治之，彼給予吃黑墨汁後，鼻血流方止，余後時拍額際，防其復流也，一日來頸項與額皮肉幾為之拍而痛矣。下午血流止矣，鼻角塗與黑墨，防其復流也。晚，有家聖新兵挖治流鼻血草湯示余吃之，晚間睡眠尚安，惜口渴之甚也。計自九日病後，迄今已四日未吃絲毫食物也，今日晚間想吃稀飯矣。

4 月 13 日

　　清晨，勉強起了床，就先將鼻部的黑墨洗去，繼即指揮一兵，將桌子、鋪位代為整理之，因為今日要舉行內務檢查也。鼻血今日是不流了，頭腦也比較清醒得多，大約病是可以漸漸好了，內心稍自安慰。此次病勢來也甚兇，流去鼻血恐怕將近數碗，身體吃虧不少矣。晚，倚鋪而假眠，待吃稀飯也沒成功。林主任來玩，乃請診治並開方之，夜渴甚。

4 月 14 日

　　他們舉行總理紀念週後，本連即奉令開進城修築公路，連上忙著整理一切農具的整頓。余即赴醫務所訪林主任診治病之，蒙誠意相視，立刻給余酌藥，並泡開水，就在該所吃了一包藥粉。連隊上官兵已開進城矣，余因病未能隨隊進城修路，稍盡流汗之勞，心殊抱憾，

但為病魔所繞，又將奈何哉！

4月15日

病已較好，但週身困倦，四肢無力，心中時為冥冥作玄想也。此次余病，適傳令兵貳名同時皆病，故喝開水和其他一切皆無人為之招呼，痛苦特甚。連上奉令進城修築公路，官兵健者皆去也，僅留病兵七、八名與病班長數名在家，真是連煮飯吃都發生恐慌，何論煮開水乎。余赴政訓室煮稀飯吃，老朱未能儘量設法幫忙，余意不爽，悶頭吃了稀飯就回連，此或余病之急性也。

4月16日

病已日漸愈也，書桌物件七零八落之急之急待整理者久矣，爰乃第一步整理與連長共睡之寢室，分別整理連長之書籍與余之書籍，為之整理，內心亦覺爽快多多也。旋赴華排長寢室書桌整理余與華之書籍，病中精神尚未恢復，稍久勞動後即覺頭昏矣。傍晚，團指與陳同志來訪余，高談過去在團一切，無限愴痛，不禁為死者告冤而悲也。

4月17日

病後初癒，四肢仍乏力也，留連病兵陸名，皆已日漸愈矣。今日發叁名赴城做工，亦免在連之生意外也。傍晚，赴政訓室，得閱本日之「新湖北日報」，久未閱報矣，豈知國際之變化，有驚人發展矣：

（一）日蘇中立條約已簽訂，則顯然違反 1937 年中

蘇互不侵條約與 1924 年中蘇協定的精神，喪
失我國之權利。

（二）美總統發表正式根據軍火借租法案俾中國於
大量援助云。

（三）軸心國巴爾幹攻勢稍挫，正與同盟國醞釀大
戰中。

今日作書述祖兄壹件，夜，自行練習音樂為娛也。

4 月 18 日

填寫見習人員考核表叁張之自填部門，交政訓室
之。平日恆告於經濟之拮据，近日稍裕，今日與特務長
算上月份之伙食，計共 14 天，每天僅伙食 0.162 元，
此乃因食米係軍米故也（軍米不要錢，日人貳十兩）。
在此種生活程度高昇之下，低級之幹部，幸有軍米，故
伙食甚廉，而稍投注其他也。今日整理衣物，泡洗頭、
繩衫、洗滌汗襯衣數件，心中頗暢。晚，新四連病兵十
餘名搬運來連暫住，意中頗不快，恐彼等又將汙我營舍
也。查該連病兵甚劇，已眾稱之「病兵連」矣，值此時
疫流行，病兵實深甚慮也。

4 月 19 日

病後乏力，往來於大隊部及第三連散步。第三連新
任朱連長今晚請客，堅欲赴之，晚果赴宴因身體不佳吃
菜甚少也。

4 月 20 日

奉政訓室令赴第 101 保通知民眾今日晚看電影，至
叭叭店已疲乏之甚矣。至楊保長家，適外出，乃就椅
休息之，保長回，事交涉妥，回叭叭店，因覺赴城僅
五里，乃鼓勇氣進城，巧遇第一總隊同學鄒國鈞（常
州人）等頗慰，晚即宿東門城樓連長鋪，余因力乏未
回也。

4 月 21 日

清晨，赴政部訪同學等，旋在政部早飯，購白布
6.5 計洋 14.30 元，零星購物又陸元，此次所發生活費
用盡矣。謀返外河沿，乃早餐後出發之，至叭叭店已困
甚，旋抵連則疲之至極矣。連上所剩悉病兵，晚飯竟未
舉火，余赴三連巧遇吃飯之，一笑。

4 月 22 日

晚即微發熱，天明，特務長擔水煮飯，此間苦於購
物，無奈吃粗菜下嚥，勉強二碗。至九時許，忽病發反
胃，完全嘔出，無奈，赴大隊部政訓室之，因政訓室勤
務兵，開水等照呼可便也。抵政訓室繼嘔二次，發熱益
劇。晚間睡亦不能成寐，復由病矣，苦矣哉，何余之不
幸若斯。蓋余此次進城者實欲睹余赴珞珞路之弟兄，以
安余心也。匆匆否者，亦為注重身體，思返連設法更為
保養也，豈意復病哉！

4 月 23 日

清晨，飲萬金油少許，然無濟於事也，故食後反積悶胃中不快。下午三時，將萬金油嘔之，旋林主任請抵，即蒙打針一，並開西藥一服（三次分服）。是晚夜十時許即發熱甚劇，連二個鼻空加口都來不及，呻吟聲大作，無奈，指導員令勤務兵起床燒開水，余喝之，釋小便後發熱即稍減，旋大發汗，週身襯衣為之濕，待乾，精神似佳，但思喝開水問無，口喝肚燒甚烈。乃起床摸冷水壺之冷開水含口中以解口喝，肚喝以不敢喝冷開水，聽其燒也。

4 月 24 日

天明即設法喝開水三杯，以解肚燒之急，三杯開水一吃，肚中頓定，余亦因一晚未得睡，乃繼睡一小時，甚適。醒後，思小便，余赴之，豈知小便剛解未完，已下紅薄胯矣，無奈，將制服胯脫也，旋遇勤務兵取衣胯換之，返連後倦欲睡，很安舒地睡到下午一時許，起床後精神則稍佳矣。五時許，朱幹事自城返，無鋪可睡矣，乃遷回本連睡之。（四時許請林主任診後酌藥一服）

4 月 25 日

早飯由大隊部換來較佳米煮稀飯食之。吃一碗終日在家休息，曾赴醫務所一次，主任講病已愈，宜安心靜養也。取鏡自看，瘦之將不自識，可畏哉，病之傷人也。晚吃稀飯三小碗，精神又進步矣。

4月26日

本日病體稍覺精神進步，吃稀飯苦於菜之購也。前日進城，略事購物，自己所有錢用之將盡，豈知返連生病哉。病中乏錢零用怎不可耐，身體非調養不可也，乃書致五十七分隊趙隊長處暫借拾元，並書屏藩即設法墊還，一面向政訓室團指又借洋伍元，但給勤務兵貳元之。日前病中給勤務兵洗之衣服和手帕、黑布，今日竟云手帕、黑布俱被人取去云？返連，夜中稀飯時與王軍需暢敘衷曲，強為傾談頗慰！

4月27日

精神稍佳，清晨舉目眺望山野，草木青蔥，青菜油然，一片天然優良春景也，百鳥之聲婉囀入耳不辨其有幾許種也，位山的高處，環視群峰層層環抱，山色青青誠屬可愛也，吾心大為之神怡心曠焉。於醫務所休息，取毛筆致信桐哥、月芳各一，返室復作祝三者一，前二甚簡，給祝三者則概述病中所感，信筆寫來慷慨條之！晚，應睡之。今日楊班長自城返隊部取柴料，新兵劉雲卿壹名潛逃之。

4月28日

昨晚起吃乾飯矣，購腰子貳個，今日早餐食剩之一個，由鍾排長之文書膳某炒之，味頗可口，助之下飯，竟食三小碗也。政訓室閱報，知巴爾幹戰局劇變，英已遭失敗矣。可畏哉，軸心國之氣盛也，不可一世之希特勒耳也！中英美平準基金協定俱在美京簽字，助我法幣

之鞏固、經濟戰之支持，良深益之。政訓室借洋伍元，以充調養之需，贈傳令貳元，以示病中服侍之酬。

4 月 29 日

今日敵機狂炸恩施，計敵機十七架分兩批輪炸之。濃煙四起，觀之可見其炸慘矣，事後得悉，住本連之本團王軍需與連上趙、楊貳班長於剛進城東門時俱被炸，傷及腿及頭部，可謂不幸之極矣。未卜政部與政工大隊被炸否？頗為同學念，不置也。今日精神漸佳，終日思食物也。團指召余等談話，告於四月底見習期滿，余等之感想如何？據云，敘級為中少尉云，問余等有無何困難問題等等。晚飯，購老百姓之新鮮蠶豆煮菜食之，味頗新鮮適口。夜晚煮稀飯食之，襯衣已破，稍為修補也。

4 月 30 日

精神稍佳，擬官長小組討論題項。城內返連取柴火，班長帶新兵三人回，在隊部因班長稍忽，貳兵即潛逃矣。嗚呼，新兵來此訓訓數月，理應稍知愛國服役之道，吃了國家的糧餉，值此衣食困難之際，在我團尚得足食足衣，且月有餘餉數之，以充零用，可謂天外之享受也。奈何稍得機會，即行潛逃，為人而無良心血性如斯，良為浩嘆！病後肚子易飢，每日二餐之餘，每思稍進他物，苦無購處也。

5月1日

　　赴鴨子塘譚占魁先生家，通知五月二日在貴府召開夏令衛生座談會，宣傳預防傳染病方法，來去共四里許，尚不疲勞。今日閱曾胡治兵語錄數頁、曾文正公家書數通、翁部長講抗戰來之經濟建設一冊。多閱則頭暈有傷精神，否則又無聊也。日二餐頗飢，中午應老百姓邀吃豌豆，味頗佳。晚，吃包穀稀糊，別有滋味，第一次口福也。

5月2日

　　上午，天雨獨坐寢室，無聊之極，往復迴折，不知如何是好也。購得壹肉貳斤半，炒而食之，早飯倍覺可下嚥矣。中午復飢，購得麵壹斤，煮而食之，亦以預防患腳氣病也。下午放晴，遠近山色青蔥，雨後倍覺春色姘美可愛，舉杖散步小徑，心曠神怡，頗自得其樂也。赴政訓室閱報，知郭新外長在美外交活動頗著成效，有美允助我建西南部鐵路之消息云。浙內寇患頗烈，近進陷之地甚多，東竄西奔，倭賊竭盡流寇之能事矣。

5月3日

　　早飯後赴三連訪陳道明連指，小坐談心，旋因左眼角眉骨酸痛，返本連休息。邀陳同袞傾談，病中乏人相談，寂寞異常，得同學談心，殊為暢快也。下午赴洪小屯私塾調查學生情形，有學生二十餘名，盡為讀古之四書者，塾師則為陳某一老頭子也。傍晚赴政室閱報。

5 月 4 日

　　上午左眼角酸痛殊甚，詢之醫務所主任，乃為神經衰弱之症狀也。按此次患病，流鼻血甚多，且患頭痛頗劇，皆個有傷於神經者也，無奈，就床安眠之，延至正午始酸痛止也。往來連上閒散，赴民家略坐垂詢地方一切情形，知此地民眾借貸，高利貸竟至年利三分，農田抽由佃戶代種，則為四分佃戶六分田戶也。包穀（玉蜀黍）則平半分也，此間包穀每擔計重四百五十斤、米穀計重貳百貳十斤，田價則穀拾擔約值三千元左右也。傍晚，政部同學姚士龍、李光白、潘佛海、孔憲達來訪，挽住一夜未果，余因病又未相送，心殊悵悵。晚，取辣肉煮稀飯食之，味適口而美，誠佳品也。

5 月 5 日

　　左眼之酸痛仍劇。赴政室閱報後旋被迫回連臥之，中午眼酸止已。接屏藩來信，知於兵站總監部電台任職，已為中尉通信員且支上尉薪。回憶戰通忍辱而有今日，人才又磨練中訓練之說，誠不我欺也，覆示頗多中肯之言，出乎誠相淬勵者也。下午，文書與傳令兵爭吵，原因為傳令兵傲慢與文書之報復而起，傳令兵鬆則傲慢放肆，雜兵因最難處置也。藉之探詢連上情形與老百姓情形亦可一時利用，但不宜太多接近而養其傲也。張司藥給余藥粉壹包，以糖衣包之，晚間食之，梗於喉中，苦之甚矣，奎寧丸亦給余數顆，日食一枚為佳云。

5月6日

晨起未久，華排長習之自城返連，暢談近況，辣肉早飯之，知彼與連長皆已遞呈假條，新舊人事之衝突，主官者不以人才為選擇之標準似有未宜焉。洗浴之時，政部潘、孔二同學與三組某組員前來，任務為至王哲卿家視察房室，準備政部二、三兩組及視察室搬來此間辦公也。購辣肉壹斤炒豆腐煮飯請食之，約費洋叁元左右也。旋陪赴四連，由四連派人陪至王家，老楊預備了菜待晚飯，竟未至為憾，余於四連候至七時許，晚飯回連之。

5月7日

早飯後，自己洗滌衣服，比較清潔而免請人代洗之煩也。天不作美，驟為降雨，然此甘露也，民眾盼之久矣，俟其降霖而插秧也。同學朱靖因家遭不幸，兄被匪害，為安家計，已請准長假返里一行以便省視高堂老母而盡孝道，無以相贈，乃令傳令兵製麻鞋壹雙，以供其行軍之所需，聊表寸意耳。指導員自城返，詢余病體如何，可否進城招呼。余答以身體尚虛，稍待數日進城或可也。竊思既進城矣，則當代為於工作招呼，然自己力量毫無，徒心有餘力不足奈何。況二次病後，精神元氣受損頗巨，適非好好調養，遺患於身體日後之孱弱可畏屬甚。閒時，稍閱心理建設，久思作一論文關於知難行易者不獲如願，今擬稍準備而為之。病中零用稍巨，阮囊錢已空矣，未知四月份薪餉何日可領，在家留守者久已未領伙食，廚房中柴、油、鹽、菜俱已無矣，可笑之

至！病中團內官長，曾公宴周團副蒞任，余不知也，而
副官竟告余每人宴客洋四元有奇。怪哉，此事余未知且
在病中，何又赴宴哉，團副與見習官又何宴乎哉。

5 月 8 日

　　政訓室同學朱靖幹事，因兄遭異黨慘害，家庭流落
豫地，思家心切，急欲返里一行，以便安置，乃呈部請
辭長假。今已得照准，不日即可首途返里矣。余情屬同
學之誼，公又共處相洽，況又同屬深恨異黨者，意欲稍
贈紀念，然經濟又所不許，思之再三，命傳令兵自織草
鞋壹雙舉以贈之，此乃供其長途行軍之用也，而聊表同
學隆情之寸意耳。（伙食 5 元）

5 月 9 日

　　書桐哥信壹件，久未接得自滇來信，頗為念！諒邀
平安為頌，偉姊前謂四月中旬即將生產，未卜桐乎偉
乎，產後健康為禱。余病先後一月，為流亡後之第一次
大病也，自此更感病之痛苦，將十二萬謹防之矣。流亡
後迄今四載有餘，苦無所成，中夜自省，良為愧羞內
咎。政訓亦非久可任職者，瞻顧前途，無任憂灼，又
思得機稍渡安定之生活，或求讀書於學校，惜不得如
願以償也。余自思於大事乏冒險之決斷，太事顧慮亦
一失也。

5 月 10 日

　　政訓室王幹事文漢患病，朱幹事又將即去，該室工

作又急待進行，苦人力之不足，指導員乃詢余精神好
否，囑代政室工作數日。今日指導員囑擬政室四月份工
作報告，余苦工作之情形不得詳悉乃詢之概略，舉日之
勞，一氣呵成之，此乃余辦事之一貫精神也。不動則
矣，一做則即完之而後已，惜余心煩躁，字跡潦草之甚
矣，指導員尚表滿意也。

5月11日

　　政室王幹事、彭書記俱至我處辦公，謀集中力量，
共將四月份之工作月報完成之也，惜附件尚未整理，一
時不克完成也。查每舉一事，最好即將月報應需之附件
妥為之整理良好，然後方可免臨時月報之煩忙特甚也。
中午，向民家購紅薯五角煮而食之，味甚甘美，余狼吞
虎嚥竟食二分之一也。工作從談笑中進行，不以精神不
足為勞，旋即將晚餐矣，王、彭返室，余亦停止工作
矣。傍晚大部隊梁書記來談，彼粵籍也，談及海產之色
數，蘇粵相似也，果類則粵特甚矣。天將黑即睡，苦於
跳蚤而不堪熟睡也。

5月12日

　　天雨甚為悶悶，晨起甚遲，早餐後閱讀總理全書提
要壹篇。旋即開始政訓室四月份工作報告之整理，計附
件拾件，皆須逐件整理或撰擬也。晚餐後，赴政訓室
之，適朱幹事自城返室，略談城中近況，因彼尚未晚
餐，乃邀至連上共餐，購辣肉壹元、雞蛋五角，佐以豆
芽湯，尚可也。發桐哥，請習之兄以快信投之。久未得

桐自滇來信，甚為念念也。

5 月 13 日

朱靖同學今日離室赴施矣，在施略有勾留，當即赴巴首途矣。政訓室自第二軍新調來申際澤同志壹員擔任代理幹事之職務也，在政訓室檢視工作報告之呈放、審核有無錯誤也。陳指自城返，概述在城之痛苦，第一為經濟所迫零用匱乏也，第二為服裝破舊無以適應環境也，第三為工作無法展開也，第四為空襲頻繁所擾也。近數日因代政室造具四月份工作報告，故書寫稍多，右臂殊為酸痛，下午假眠數小時之。近日思家心切，時夢幼返家也。

5 月 14 日

早晨，老陳、老楊與團指赴城，並順便購送大隊長姚正國與徐嵐女士結婚之禮物。赴政部遞四月份工作報告，並領四月份見習費，待彼等赴城，余即返連。近午則參閱心理建設各種參考書，開始寫作「行易知難」學說為總理獨見創造之真理、革命心理建設之寶典，試發揮其意義及重要一文，僅寫作其引言而已。晚餐後赴政室，旋團指返矣，禮物為玻璃瓶子壹對（價洋拾叁元）、帳圖壹幅以書畫繡之（價拾肆元），尚佳。老楊返，知見習費已領共為 36 元，已為士龍兄挪借肆元矣，緣金錢之互助，不值一事耳，但倘以此為友誼之維繫者，則謬之千里矣。城中來悉，連長似病重，圖進城一視也。

5月15日

今日為大隊長姚正國與徐嵐女士結婚之期，理當前赴道賀，但因政訓室同事送禮甚薄，而悉皆往焉，未能有被人譏為「皮相之流」也，是故余托病向團指聲明未往矣，但以未赴公館與一識姚太太為憾耳。晚，自民家購糯米壹斤，煮肉而食，味頗可口。今日寫作心理建設引言壹節，草擬該文綱要，思有以完成之。

5月16日

早晨，洗衣後，吃飯即欲赴城一探視連長，那知武裝帶已無，想之再三，乃六日遺忘第四連也，帶信王幹事取之。旋赴政室向彭書記借用，陸同余大隊附進城，由三連山麓下清江過渡，頗險也，時敵偵察機壹架盤懸於空偵查良久，那知竟還在城中放了炸彈五、六枚，敵人以區區一架偵查機而竟至我軍事與政治要地隨便投彈，是值欺吾人之太甚矣。國人其醒乎，急起而謀建立空軍，以轟炸還彼轟炸耶！上坡即抵唐家壩馬路，旋順下即抵施城，時警報方除，抵南門，適為被炸區也，巧遇政部同學毛鳳樓、姚士龍，乃赴政部午飯之。返連部視之，知連長已赴楊灣福音醫院診治也，未得即赴探視。連上弟兄，病者竟佔十分之七、八，睹之可怕、可憐，衷心無限痛處，值無處洩也，余身任連指而一無辦法解救弟兄之痛苦，余實罪焉。訪夏春藩知請假事已獲准待手續耳。朱靖則明日又起程也，訪陳道明知陸國權同學已自黔江返團，明日可同赴政室矣。晚，約陳、梁、陸等喝晚茶於同心茶社，茶資1元3角。晚與陸同

宿新三連老陳處。

5 月 17 日

　　早晨，連上僅得挑選無病弟兄五、六十名赴白菓樹運米，餘皆病者，可慮之甚矣。陳邀早飯，佐以豬肉，頗佳。旋同陸同學赴外河沿回連，先赴楊灣視連長，該地為距施城東部約五里許，建有外人之路德福音堂，規模宏大，附設有診所也。晤連長於臨時病房，知病已無妨矣，此病亦頭痛發燒，與余患者同也，今日連上弟兄患者，亦同焉。考其傳染，厥為二大主因：

　　（一）為虱之傳染，

　　（二）為無藥或針以治之。

　　余並以購之雞蛋二十枚贈之。城區馬路由本團負責之區域，已由弟兄汗的交織，築成新都市式之馬路矣。該段現正陪修人行道，據云，人行道完工，各連即可回外河沿矣。余以回外在即，決暫不赴城也。返連後，日陸至政室，知四連處武裝帶無有存焉，怪哉！疲甚，假眠數小時之，並浴之頗暢。四時許，吳太太來連探視吳副官，藉得一識一副官尚足養家眷，似高人一等之生財有道也。

5 月 18 日

　　清晨即下細雨，旋稍大。陸指自政室返此，知團指已赴爸爸店接洽春耕之插秧事宜，命余與申幹事飯後前赴。余即赴政室，則知城中三連乃未至爸爸店，團指已徒勞且失信於民矣。旋為補救計，姚大隊長派四連弟

兄廿名至爸店代耕。余乃隨申幹事同赴辦理此事，路頗
泥濘，力士鞋為之東滑西倒，至陳姓民家，彼甚樂望久
矣，乃各撥十名協助插秧之。四連排長曹君以恕亦戰團
同學也，午後邀至連上共飲稀飯紅薯而過矣。今日作家
報壹通，概述對英華事之意見並敘告此次患病情形，試
作興斌一書而探投之，未卜有回信否。接國鈞書，懶而
未覆，實非也。

5月19日

天氣轉晴朗矣，忽晴而熱，忽雨而冷，施南之氣候
誠特殊之甚矣。適吾人一旦忽焉，則衣服不調，最易患
病也。團指意欲余進城工作，余亦有是願也，赴四連取
回前遺忘武裝帶壹條，旋洗衣壹套之，繼即續寫「知難
行易稿」，完成三分之二矣。晚，自己修補力士鞋，頗
有自得者然。陳老板邀晚點，吃麵二杯，腹為之飽矣。

5月20日

決定赴城工作，晨起即整理行裝，旋因陳老板媳欲
請代耕之士兵數名，苦無處調之，商之四連老曹，乃撥
兵貳名與傳令兵協助打菜油之。赴城，先後遇警報五
次，可謂苦矣。城區馬路分擔本團之部分已將竣工，僅
待修人行道矣。巧遇李台長等團中官長同學六、七人，
暢敘頗歡。晚於青年食堂用飯，計費國幣四十元許，僅
八人耳，可謂昂矣。

5 月 21 日

半連病兵眾多，究其原因，乃上級未注意及其疲勞與醫治將致。雖本連官長管理未善，然下級之苦，有難言之隱也，是故上下相瞞，苦了病兵。我連病者將及三分之二，奈何哉！吾心何忍哉？希望早日返外調養而已，排長中有不能互諒與協助者，更互為攻訐，或竟溺愛本排而苦役他排，竟不知此為帶兵之大忌，其敗之由也，吾將謀協調之也。團中近年人事調動頻繁，幹部皆不安於位，此誠不良好之現象也。

5 月 22 日

赴三連訪陳，並謀寫「知難行易」一稿，然苦於警報與無主桌也。上午警報延至三時許，直苦人之甚矣。十二時，三連死一病兵，甚悼痛其既為國而出征，而徒死於病疫，良可慨嘆也。三連朱代連長為眾部下批評之言，紛紛入耳，此故少年處事粗而無慮所致，然亦部下太無訓練之表現也。余睹陳與朱微有不合處，晚與朱、華共餐麵館，朱亦竟以陳不為合作而搗亂其職權相告。我想正大光明之連長，果明政治之重要，亦豈有不合作而慮連指之倒台者也，連指果為團體謀利害，仗義而行，亦豈有損連長之威信而行，其可愚乎。此事余頗表煩悶，謀調查實情後，從雙方設法調和其合作也。接子貞函湘銓敘部湘粵桂銓務處來信，頗佳為慰。

5 月 23 日

為陳朱事，余向各方調查。詳悉俱為朱之不佳與自

生疑人之念而起也。雖事之糾紛者必為雙方各有錯處，
但重量不等為實。是故，余認朱之昨日對於抨擊陳事，
深表不滿，且有損政工同志之信譽，故決向彼同學華習
之提出質問，因彼同在座，且朱為彼二分校同期且較接
近之同學也，有可代轉言之可能也。與陳詳談朱事，
備悉種種不法與違背青年道德之行為，頗有出我意料外
者。華排長應余之請，即通知朱向陳道歉並解釋誤會俾
日後陳指協助云。今日第一連開始赴傷兵之友社南門外
滅虱站滅虱，余前赴巡視及接洽明日本連滅虱事宜。該
站設備尚佳，備有洗浴室——有毛巾、肥皂、滅虱室、
治療室一、硫磺膏等，李連長邀洗浴之。今日覆虞子貞
信壹通，為王世傑班長病，請連長設法打針一枝，該班
長病甚重，急宜救治也，然連長似因不滿故，對於救治
殊無心意也。

5月24日

　　本連奉命赴南外傷兵之友社所設滅虱沐浴站洗浴與
滅虱，因屢次警報，值星官未覓得站中工作人員，乃開
始自行沐浴，結果滅虱工作，未達要的，誠屬遺憾！遇
王軍需請吃片湯，並略談團中情形，知新兵大隊回外訓
練不久即可結束矣。查新兵大隊自成立以來毫無訓練，
旋開始做工，無形中變質為工兵大隊，時適氣候惡劣，
又乏身體之休養調整，且醫藥設備困難，故又變質為病
兵大隊矣。今日之情形，豈成立時所得想像，我良為嘆
惋不至！本連病兵頗多，將近十分之六七，名之病兵
連，不為冤也。身負政訓之責，未能解士兵之痛苦，良

心自問，痛苦殊深，余將何慰乎！

5 月 25 日

　　接桐哥自滇玉中來信，盼之久矣，快愉奚如！信中有云：「吾人雖不欲為富家翁，不欲發國難財，然最低限度，在此通貨澎脹，物價日高之際，能維持吾人生活，便無所顧慮。而後方能安心於工作也。」誠余今日有同感也。又曰：「吾弟工作，倘能逐步推進，前途當有希望，仍望吾弟再接再厲以赴之。倘無成效，則不如早日脫離，免勞而無功。」又囑：「衣服及日用所需，務要早日準備，不可儉省也。」此誠余今日最難解決者也。接團楊信，勉進德修業，注重身體，並報告連上概況。今日本連士兵死亡者計李光方、張良治貳名，其餘忍而待斃者約四名，王班長病危，與連座商，打「虎勃龍」二針，餘兵亦打三針，每針四元，可謂昂矣。按新兵大隊自成立後，即以蓬勃精神開始，詎料中途計劃失當，訓練停頓，致新兵大隊一變為工兵大隊，專事操場、中山室、馬路之修築，致毫無休息整訓之機，新兵各連相繼受流行性感冒之侵襲，臥病俱半，醫藥設備又無，城區營舍欠佳，且團中人事調動頻繁，幹部各不安於職位，故管理更差，數不良之諸因，匯為不可收拾之惡流，新兵大隊亦轉瞬變為病兵大隊矣，負政訓者，目睹斯狀，長慨而已。

5 月 26 日

　　第一次因未能澈底滅虱，故今日二次舉行滅虱。中

國人喜做敷衍事，徒耗時間，可嘆！今日寄書友樵、國
鈞各壹通。班長王世傑死矣，憐其為可造之才，竟未獲
適當診治而待斃，為之悲與痛者，失眠恆半夜。老楊
來城，給傳達兵李某洋壹元，囑購物柒角，煮一菜，然
餘錢竟不復找來，小人最喜錢矣。傳聞六月一日戰友敘
餐，未審確否。

5月27日

　　今日最後壹天之做工，搬運僅剩之石子，但目睹皆
病容消瘦，精神倦怠，似搬似停者，此種景象，實不忍
久視，監工半時許，心中俱不安於良心，更不安於斯狀
之指揮職，忍而離去，心至痛矣。今日團部會報，於
新三連遇連長數位，共敘餐，都以逃兵之眾、賠服裝為
困難問題云。據云新兵大隊返外河沿，核足訓練二星期
後即行歸還各老連編制矣。此次訓練，可謂有頭無尾，
糊塗了事，良可嘆也。午後，即返外河沿原營地，並即
見團指報告工作情形。返外後，環境較佳，病兵皆服中
藥，日必數十元，諒可早日皆愈也。

5月28日

　　整理營房，務使整潔也。派弟兄卅名，為團長搬運
樹皮至城，據云乃修公館也。今日大隊部召開新兵連長
談話會，決議自六月二日起訓練二週後，新兵大隊即行
結束也。晚奉令調查重病人數，此乃長官司令部電詢，
或恐司令部有移動可能也（據傳說開赴黔江云），未卜
何故？

5 月 29 日

今日，製縫包袱被壹塊之際，政訓室傳令來，知團指有事相詢，抵政訓室，團指即告於政部時，第一組欲調我赴該組服務，命即日前赴云，團指徵余意如何，團指復示意留余在團，余心未決，待考慮也。今日晚間，連長抱病與士兵講話，而同時病兵之相繼坐地者竟達四十左右，誠驚人之舉也。余深覺坐食於連，既不能為士兵解除痛苦，又復不能為自己安心進修與求取工作經驗，故意決欲去連指職。又此次赴城築路，報 170 名，實僅 120 名，且病佔半數也，未卜將何以算之？為調部服務事，心殊不安，為前途計，為安心服務計，為稍求服務能力計，似欲赴政部也。但此間之困難與優點，而稍有留此之優也。

5 月 30 日

一年一度的佳節，是迅速的在眼前溜過。自從拋棄了可愛的故鄉，屈指已是足足的四個年頭，每逢佳節倍思親，人世間那一個流郎者能離外呢！觸景生情，端午節的粽子、餛飩、鹹鴨蛋，天倫的共餐，一幕幕地印上腦筋。我是何等的悵悵！誰使我流浪，離別了可愛的家鄉、父老子弟！任遭敵騎的殘踏，我忍心嗎？我■■的血，是向心中進攻，督促著我良心與血性，要為國家報家庭深恨。貽，你是時代的青年，該英勇的向前披荊斬棘而為國家奮鬥。今日，清早團指就派了傳令命我去，第一句就告訴我調回本部第一組服務，命令是已下來，你可再行考慮，否則就預備立刻去，因為政部要移動

了。我遲疑，我良心上對不起了新兵訓練的一切應盡職責，我相等待著最後的訓練機會，彌補缺隙，可惜將是沒有了。今日忙的整理知難行易徵稿，總算完成了。因為要更動，心中不免耿耿。今日下午是加油，有雞、有肉，當然算是大吃一頓了。

5月31日

　　赴唐家壋政部，謁何組長伯予，引謁羅組長念前，決定余明日即行赴部報到。在部中午餐，旋與團指商准借支五月份薪金洋肆拾陸元，前借十九元，悉以三日辦公費充之，單制服未繳。返連後整理行裝，並繳還一切公物，並與特務長清算伙食之。今日原請放映電映結果未至。與士兵訓話，勉勤習報國，注意身體，防疾病。

6月1日

終夜不能成睡，思想紛雜，此或生活轉變期之前夕徵象也。追溯來團見習，悠忽三月，苦無工作之表現，雖環境未盡許可，而個人之才能與經驗不足為事業之創造者，深自愧疚。余自入社會服務，因自知學能俱淺，必時為惕怵，以免誤事，且籍閱報等習慣，以資日進，處人之間，做事之時，則僅憑「誠」字以維「良心」所安。

晨起整理行李，早餐後即向有關情誼諸方辭行，旋即過渡至唐家壩本部第一組報到，時約十一時左右，十二時會彭團指，蒙慨允挪借法幣肆拾元整。下午五時，隨先期同學錫邑陳壽昌組員等散步。抵唐家壩發玉溪桐哥、瀏陽昌兄及省黨部信各一件（總理逝世紀念徵文）。一組原定乘車赴黔，今晚突變，決選二分之一參加步行，相當「感冒」。

6月2日

晨起，整理行軍行李，約四時即起床矣。沒有經驗和計劃，更缺乏軍事化，第一日當然相當紛亂，吃飯時是特別徵象，遲遲出發更為當然現象。

柳主任訓話，闡述移駐理由，為司令長官說：「動的準備，拼的決心。」要求是：政工同志做到模範二字，二點希望是：（1）一團和氣、（2）一股朝氣——要愉快的和艱苦的。沿鄂川路進發，經白菓樹、甘溪，抵椒園鎮宿營，一路設有茶水站，宿營地有軍民合作站，一切可稱「便當」。余精神暢快，頗以行軍為樂，

約行七十華里，尚不覺疲也。

6月3日

今日，行軍秩序已有進步矣。余被選充押行李車。晨，飯後即至車場，呼余押車輛之手車隊工伕談話，知彼等生活甚苦也。時車夫尚未早飯，須待三十里後煮飯。余睹知大廚房尚剩飯一擔，乃通知同學李，詢明後全部攜出以充伕飢，皆喜形於色矣。按此飯否則必為伙伕盜賣一、二元而已，豈不太可惜乎。約行七十華里，抵小關鎮宿營，軍民合作站招待頗週。

6月4日

本日約行五十華里，抵白菓樹鎮宿營，抵鎮時僅正午也。今日為行軍第三日，余步履甚捷，已忘為病後之弱，精神之振奮，更私自欣慰。蓋行軍於大自然之中，身心為愉快舒暢，益以行軍之運動誠為優宜之鍛鍊，病體寧有不強而健者乎。

6月5日

行程僅五十華里，很早到了咸豐縣城。離城二里許，有水溪一，與士龍等行冷水澡，此為余今年之首次，而身體尚弱，似不足抗水之侵襲，不久即起。按外人終年常沐冷水浴，甚俾益身體之健康。吾人體弱，值此夏令，尚不堪冷水浴，體質之弱，誠宜力為注意。

6月6日

　　咸豐縣城大休息壹天，略購置日用品數十元。咸城物價較恩施與黔江皆為便宜，此中原因，第一為貨物由湘省趕陸路小道來此，利用人力肩擔，運費較恩、黔為廉，第二為此間無機關學校集中，社會供求尚勻，故無高抬價格之病態。由此，吾人知今日欲謀平價政策之貫澈成效，「貨暢其流」與「供求相需之調整」實為二大基本原則也。

　　閱讀總裁「科學精神與科學方法」一冊，深切體認科學之重要性。與班長隊日訓班同學王文範吃茶於茶館，討論及茶館之害及研討其存在之原因，確認有取締或統一改良之必要。旋研討總理遺教，各抒心得之見，頗獲所得。論及個人之做人處事，皆示「誠」力，「誠」至大也。

6月7日

　　出發甚早，上午十時左右即抵石板舖營地，即於軍民合作站休息之。全程約五十里，行軍於清爽之朝氣中，似不覺其路之遠矣。傍晚，與士龍同學散步，談及為人處事僅持「平淡」足矣，能「平」則生活成水平線式而得養成良好恆守之習慣，不為突變而影響其「平靜」矣。能「淡」則行為似清泉流出而得保持良好純潔之品質，不為汙穢而影響其「真純」矣。然後各人「平靜真純」以一字貫之曰「誠」，則無往而不利矣。「誠之所至，金石為開」，此為吾人應篤信而力行者也。士龍昔在余班時，一如今日之「平靜」，

此所謂「不變應萬變」乎。今同學輩見習期滿，官長
獨對士龍之印象特佳，此寧非「平靜真純」之收穫乎。
吾亦素性喜「平靜」，然修養有所不足，睹此字跡之
潦草，宜知養氣也。

6月8日

　　石板舖出發，上午即抵黔城。赴直屬軍民合作站稍
息，即赴市理髮並午餐，此間物價近日飛漲。國人唯利
是圖之惡習，良可慨嘆！購日用物品少許，市價較恩施
為昂貴矣。憶今歲元月二日離黔赴鄂，迄今返川之黔，
僅為時五月又四日耳。閱六月二日掃蕩報，悉導淮委員
會水利工程師鄉人王鶴亭發明灰土代水泥已獲成功設廠
製造矣。余詳悉王之奮鬥史，可知偉人傑士之成功立
業，恆自「力行奮鬥」而來也，勉乎哉，「人生原為奮
鬥求存」。

6月9日

　　黔城出發，向涼水井目的地推進，行程約二十餘
里，不久即達矣。此間營房頗多，皆為六戰區幹訓團所
修建，位於叢山邱嶺之間，樹木葱茂，為優秀大自然所
懷抱，誠一適宜之地區也。抵部中即忙於一切之整理，
求住之安而後可行其他一切之事務也。路中巧遇本部政
工部員，同事相告為蘇人，詢之乃錫八士橋人而寄居祝
地甚久，頗悉余之同學動態，乃略談祝地鄉情，查悉為
李玉娟，曾住錢家。

6 月 10 日

羅組長示知，管理人事卡片，余稍為研究，略懂一二矣。此間組員同事間，甚和愛可親，陳組員壽昌為同鄉，更可獲其指導也。余平生尚為第一次參加上級公務機關辦公，對於擬稿、公文處理等皆不熟諳，故內心不安，字又特差，今後欲求此二方面稍為努力求進也。

6 月 11 日

今日寫桐哥信及特團團指信各一件，收國萱及子仰來信各一。上午整理行軍數日來之日記，整理辦公桌，無公可辦。下午即自縫襪底壹雙，並閱大公報數份，近日左腳濕氣有蔓延勢，甚憂之。

6 月 12 日

人事卡片之管理方法，余在未得鮑同志指示前，先行研究，略有所得，其編組分：丶1 一 2 丨3 丿4 ㄱ 5 等五部，乃取姓字之首筆判定之，各部又分丶1 一 2 丨3 丿4 ㄱ 5 五組各取姓字之首二筆判其屬何部何組之，組中各人之姓名，每字取首二筆之屬何部而編列密碼，例王 22 貽 32 蓀 34 是也，然後順密碼大小排列之。

6 月 13 日

奉派與姚士龍同學規劃中山室恢復事宜，擬置書箱四個，取長方形，中隔木板為二層，上層可放大號圖書，下層可放普通圖書。平時即將書箱平置中山室作書櫥用，行軍時即書箱用也。另做書架二個，即將整塊木

板中央釘一木槽，斜置上下二層書本。另擬閱書規則及借書規則與借書證，擬採片卡式之管理方法也。整理編配會議之參考資料，從晚餐後一直忙到十時始睡，已甚疲困矣。

6月14日

近日因本部為改師政治部召開編配會議，印訂參考文件壹冊，急待裝訂，乃致力為之整理編訂之。過去積存之應行登記卡片工作與新製卡片工作頗多，謀逐日加緊清理，俾得「案無積牘」，達成公務員快幹之信條也。

6月15日

本組編訂此次編配會議參考資料文件，因事前油印無通盤計劃，又無監印專責，致印刷頁數各項不等，待余整理編訂之際，發生無數麻繁，僅裝六十九本，則耗去全數紙張約三分之一，約值五十餘元實屬浪費，事後組長為補救計，決將缺印各件補充，結果，竟得編訂九十七本，餘亦裝訂單行本，總計僅剩浪費尚佔二十分之一，值此國家物力維艱之際，允宜儘量節約消耗，何論浪費乎。此誠今日全國公務員應深切注意者也，「一物要當二物用」。

閱總部來文，見校對為劉賢文、徐有為同學，相告龍同學，並略談同學動態，悉同學任職各級政治部為校對、監印、收發等職者居多，並談及此實為公務員進身之階梯，不可以職低事繁而灰心他就，否則，越級他

就，缺乏基本之經驗與閱歷，終為他日上進之阻力也。
嘗讀總裁訓示「登高自卑，為大於微」，洵屬實踐中之
至理名言也。

6月16日

舉行來黔後第一次國父紀念週暨合併舉行國父廣州
蒙難紀念，主任柳克述主席，出席副主任魯宗敬以下全
體本部人員，主席報告紀念意義三點：

（1）國父做人之偉大處──從廣州蒙難中表現「威
武不能屈」的偉大革命精神；

（2）總裁的做人忠誠──赴難精神，為千古所未
有，常人所難能，此即「見危授命」的革命
者之偉大精神；

（3）陳炯明失敗於無德──陳炯明為才能頗強的
同志，深為總理器識提拔，然無革命節操與
做人之道德，終叛革命而逆總理為千古所垂
棄，不免身敗名裂也。

旋報告與司令長官湘西視察之行之任務，為：

（1）決定攻守計劃，

（2）解決糧食問題，

並備述司令長官之偉大忠誠精神證明「精神愈用則
愈出」。繼報告部務瑣屑，略謂今日事業（個人志願）
與職業（國家要求者）已不可企求滿足並致，當為國家需
要而盡忠職業，並其他紀律、早操、禮節等事項之規
定。來部後因精神欠佳，時患失眠，且事務生疏，致興
趣枯燥，雖能熱心工作，終覺困倦也。書武大見照叔信

一，總部賢文兄信一件，以資互通聲氣。

6月17日

本部恢復早操，主任親臨指導，從今每日得清晨健身之運動，於同仁健康上實屬俾益非淺也，好逸惡勞為人之常情。初聞開始恢復早操之風聲，即皆有不快意，表示此為嚕囌之舉也。然一經實行，則組長起皆參加運動，皆以為快也，此「行」之所以偉大也。萬事祗怕「坐而言不能起而行」，果能無所懼怕，堅決實「行」，天下實無難事也。與士龍整理中山室，粗具形式耳。

6月18日

邑人（小湖）徐道卿同志來訪陳壽昌，千里之外，一日得遇同鄉，內心萬分愉慰，暢談近況及溯敘家鄉，無限悲憤，不知何日歡敘於君山之巔也？談及領導青年問題，母團因受外界之攻擊，惡意之傾軋，更為少數者個人利害之見地，多方破壞，致令停辦，殊深浩嘆。母團為國家正式之訓練戰時幹部機關，為團長所親為領導，今戰時尚未結束，何謂停乎？抑不須戰時之幹部乎？設或辦理不善，則整理與改善可也，又即停矣，為何竟過去之學籍竟否認耶，是國家之光明正大領導青年者，將何解？數萬青年從此將為心理之動搖不安，減低其熱情，其責職將誰負之乎？吾人自問，缺點之多，與各方面容或不健全，然青年者，正待國家負責領導者之善為培植也，又豈可欺騙而後復為領導乎？總之，

余深信青年為今日國家之至寶，凡受總理三民主義薰陶之信徒，總裁親自訓導之部下，欲捨棄個人一切之功名利祿，為黨國效忠犧牲，已自認為無可旁貸之天職，其能否發揮青年偉大之力量，厥在負責青年領導者之善為謀也。

6 月 19 日

　　余任值日官，但部中人事與情形欠熟，不易稱職為憾。得閱十八軍政治部來文，呈報逃員情形，知母團同學第一期者，自分發該軍迄今已三載於前，然職位仍屬少尉，值此駐地梁萬生活程度特高之際，生活已無可維持，得睹附呈信件曰：「餓了肚子，不能再勒腸子」，出於萬不得意，故辭之而去也。回憶母團初創之際，團長以負第二期革命相期許，且勉同學為國家無條件服務三年，然三年來之成果，同學雖不無缺點之訾，然外界之非法攻擊，更因人事之陡變、非分之際遇，竟迫我母團無形中停辦且竟過去之出身亦否認之，國家之負青年也。若斯血性良心者能不動於心乎？睹三年來同學忍苦奮鬥之收穫若斯，吾人實不勝其浩嘆也。部中軍紀掃地，損風之情事迭出，今日晚間，傳令兵大鬥笑話，然民眾之可惡與奸滑，亦可深痛也。

6 月 20 日

　　本科同事李義仁同志為求學大學，即日擬赴重慶投考武漢大學，同仁等為歡送起見，特舉行擴大茶會，招待本部同仁參加，頗為熱烈。李同志為天津人，儀表非

凡，口才流利，活潑熱情，為本科之漂亮代表人物也。
發費見照叔與王國萱同志信壹件，照叔為首次通候也。

6月21日

　　本部近日忙於編配會議之籌備頗為精神緊張，本科
主管人事，特為繁忙也。與壽昌談鄉情，始悉雪卿叔為
彼舊日相識之同學也。查此政治部撤軍政設師政治部，
尚為得升，但以主任兼副師長或副師長兼主任一事，致
造成政治為軍事尾閭之勢，恐事實上反為政訓前途埋下
發展之阻山也。此次主官限於軍官出身者為合格，致大
批優秀政工老幹部皆不安於位，而新任者泰半為兼任，
則造成原有幹部不安之現象。新有幹部並差之感，政訓
發展私為甚屬黑暗也。再者，軍校出身之軍官，雖不可
否決其為老粗，然政治頭腦之簡單、學識之淺陋，較之
一般文職人員實天地之差也。況曾滌生輩以文人而官武
功，又何嘗必欲出身於軍校哉？今人無論為軍、為政、
為黨者，皆在具有無血性良心而別其優劣。余初入軍旅
數月，即目睹方出身軍校之學生，即貪汙不法而行，上
者更不堪論列，如此烏可求軍政之良也？

6月22日

　　送李義仁同志赴黔，適天雨，然此雨乃民之所急需
也。壽昌托赴秘書處取書，余竟來此後連近在咫尺之秘
書處尚未到過，故意中疑稍遠，豈知方出門，即近在旁
也。是知株守為落伍之主原，秀才不出門，豈能知天下
事乎？辦公室春燕呢喃建巢，僅二日已有可觀，吾人誠

遜燕之偉大遠矣。今日首次學習複寫之工作，心中殊不安，然勉強尚可也。開快車，忙了整個壹天。為歡送李義仁事，事前李之准假為代主任所批，柳主任不知也。今忽知此事，認為不滿，今交手諭查明昨日茶會之負責人，苦矣，處事也。

6 月 23 日

傍晚赴陀腰樹散步，頓覺精神愉快。同行為陳君壽昌、馮君金明、林君鴻藻，一路略談養生之道，頗有所感。余自四月中不幸患病以來，身體之健康雖已恢復，但精神與體質仍弱，又以面無血色、瘦弱之狀，殊屬難堪自願也。此種原因：

（一）為病後無相當之調養，

（二）為精神上不甚愉快，

（三）發瘡與濕囊而身體不適，

（四）因體弱而更不喜運動，日坐辦公室內。

假設此種現狀，不加改良，則身體前途，殊為危殆。今後則謀從早起與多多散步，略加運動等諸方面謀改進也，必要時或亦謀補充調養也。又背部微陀，胸部頗小，此為可慮惡習，今後亦宜注意挺胸也。余素時女性少接近，性衝動亦不強，諒不致因性病而體弱也。近日正開編配會議，本組特忙，工作人員至十二時始睡也。發祝三兄、軼卿叔信各一件，雪卿信附軼信中也。

6 月 24 日

天雨，農民欣喜矣。吾為抗戰前途想，今天頗為欣

慰！！按昨日得悉於廿二日德蘇業已正式宣戰矣，希特
勒誠為全世界唯一之屠夫，竟以世界為敵，野心之大，
不遜為威廉第二之第二也。吾人審察今後世界之變局，
從此或將又入一新局勢之展開，英蘇美中之聯合為民主
之和平陣線，起而撲滅世界禍亂之罪魁，定卜可指日待
也。本組辦公室樑上之燕巢竟數日來雙燕之勞苦經營，
已將落成矣，且建築頗合科學之要求而巧妙，燕之偉大
處，誠可為吾人自愧勿如，反之，亦為惕勵吾人發憤圖
立之鼓勵，誠宜有動之中也。

6月25日

上午，以久未致家稟，頗念，作書一通，兼致書
芸、穎兩弟囑勤讀書也，並致書月姊，因久未接來信為
念也。赴軍民合作站指導室，訪李向樸等，適見沅陵直
屬站考核表，因關心同學心切，乃閱看之，隨便談話似
有未妥，致遭郭大風同學之官腔，自省亦有失也。下
午，參加本部軍師政治部改制編配會議閉幕大典，柳主
任主席即席報告大會意義，申述部長來電二大意義：

（一）在求體制溶為一體，人事互相交流；

（二）確認新制之意義，作創時代之精神改造。

講述司令長官之精神，有三個公開，三個不相信，
即人事公開、經濟公開、意見公開，是也。三個不相
信，即不相信有戰不勝的敵人、不相信有突不破的困
難、不相信我不如人。繼由黨政分會袁秘書長同疇先生
訓詞，詼諧並陳，講述賣膏藥故事，引起大會群眾興
趣，並報告黨政分合之組織任務工作等等。

6 月 26 日

德蘇宣戰後，英對蘇之評論甚為同情，英相邱吉爾演說稱對蘇作經濟上與技術上之援助云，美亦見在經濟上裨蘇於援助云。將來局勢之演變，英蘇美或有形成和平陣線之可能也。暴日則無知所措，徒召會議而不決，可知其狼狽與進退維谷之苦矣。閱先賢治軍語錄，曾滌生說：「精神愈用則愈出，不可不事姑惜。」余會心確為如此也。此次編配會議，人皆煩忙，余獨閒散，苦之極矣。

6 月 27 日

謀選讀國文精讀者十遍，並利用小楷恭抄之。今日開始前出師表之抄寫也。小字之流利，實為應用之技也，余將留心習焉。讀同學之不平之鳴，心甚憤慨，余輩將以事實與努力為前途奮鬥也。

6 月 28 日

參加來部後的第一次小組討論會，由第一、四、五組合併舉行討論。主席原為黃華同志，臨時公差推余暫代。余因不明會議情形，且對討論題亦未充分準備，欲辭之，但不得卻而慨然允之。下午二時，於第四組辦公室舉行，出席秘書室、第一組、第五、四組同仁十餘人，他則因故缺席也。討論題目為「三民主義的哲學基礎」，大綱列示於后：

（一）什麼是三民主義的哲學基礎──民生哲學

（二）我們對於民生哲學應有的基本認識：

1. 宇宙觀、2. 歷史觀、3. 社會觀、

4. 本體論、5. 認識論、6. 方法論

（三）民生哲學與我國固有的政治哲學及倫理哲學
　　　的綜合考察

（四）民生哲學與「唯心論」及「唯物論」的比
　　　較研究：

1. 類同點

2. 不同點

（五）我們對於「唯心論」及「唯物論」的批判：

1. 「唯心論」暨「唯心史觀」的缺點及
　　謬誤

2. 「唯物論」暨「唯物史觀」、「唯物辯
　　證法」的缺點及謬點

（六）糾正對於「民生哲學」的錯覺及謬見：

1. 「民生哲學」與「民生史觀」暨「民生
　　主義」的界說

2. 「民生哲學」是否「心物綜合論」或「二
　　元論」

（七）「民生哲學」的真正意義：

1. 民生哲學為天體運行的自然原理與人類
　　社會的最高原則

2. 「民生哲學」的時間性與空間性

（八）結論：先後由陳壽昌、董君淮、何伯言充
　　　分發揮，進行當屬熱烈也。

6 月 29 日

五時半舉行長官部擴大紀念週，由代理參謀長郭懺氏擔任主席，報告今後長官部同仁及士兵伕務須遵守紀律，振奮精神，力戒散漫之精神，並對特務團士兵採擷民家李果，責罰特務團三營營長於主席台總理遺像前立正十分鐘示儆。旋由本部主任報告政治部成立來工作概況暨內部組織情形，並申述長官廿年來一貫之精神為二：（一）有緊張的精神——自本人至部下，（二）嚴肅的紀律——所統轄之部隊，亦所以造成光榮功勳之所由也，勢盼同仁更為勉勵遵行云。傍晚散步，同仁中有頗善鐵槓者，余愧不能，余近來自信之堅強意志漸弱，凡事皆不能有恆至成功，實屬可慮。明日擬早起後，抵操場學拉槓，並讀國文。

6 月 30 日

舉行本部紀念週，主席對於人事公開與提攜青年之意見，良有貢獻，力勉青年不可越級高坐，須磨練逐步上進云。壽昌兄交辦一稿，因昨夜失眠，精神不佳，致未辦妥，下午復代重辦，內心殊不安。特團道明兄來訪，談及特團人事之混亂，內部之紛雜，吾深對負責者致不滿，聞習之、舜青皆走，青年不安之動態與環境之惡劣，誠無限痛惜，余勉道明「辭」之。

7月1日

　　為整理卡片計，余近日頗為急燥，苦不能上正規也。今日起，余將儘量起早也。午睡甚疲，不知是何緣故也。與鴻藻散步，閒談及社交、經濟、精神、同學等頗為愉快。余覺在部生活太高，除餉外，僅餘廿餘元，尚不足零用與購置鞋襪，更何論縫製衣服，即最低之經濟享受而不獲，誠痛苦也。

7月2日

　　晚飯後，至龍洞河洗浴，循公路前赴，約三里許，水流頗清，水性涼爽，浴後甚為暢快，返部時，一路談笑、娛樂，終日之悶氣得為之發洩，週身為之舒適，實俾益身體良多矣。

7月3日

　　接子貞自靈來函，談及蘇皖學院為臨時性，彼已放棄入學矣。彼近況甚佳，足為慰藉也。民鑠來信，告抵棗籌設軍民合作站，進行阻力甚多。今日為抵第一科後之首次學習擬稿，罔無頭緒，心性急燥，書法又差，故稿底潦草不堪，竊意覺自甚愧也。

7月4日

　　接文燾、述祖來信，月姊亦自廣西來信，頗為慰藉！晚，乘涼之際，與壽昌暢譚故鄉納涼情形，與消暑之道，無限悵惘，而鄉思盤旋，油然陡起而不可抑也，家人亦同思乎！！

7 月 5 日

接桐哥自滇來函，匯來洋叁拾元，知偉青產男，名「鎮南」。產後偉哥、鎮平籌俱動，真兄弟不幸之何其同也。領六月份薪餉，除去伙食 18 元，外加津貼 8 元，共領洋肆拾元，今後經濟或不致困矣。

7 月 6 日

接自特團轉來桐哥函，知洋念元已匯特團，接父諭，知曾在錫被匪捕去，用去洋叁百餘元，內心之痛，不知此恨此仇，何日得報也。生活程度高漲，淪陷區與後方同樣苦矣。談及國家與四川問題，作沉痛之檢討，此所以勉四川人之圖發憤也，同時亦所以檢吾人之缺點也。

7 月 7 日

舉行抗戰建國紀念會於本部，由孫參議昌獻及徐參議先後演說，二人殊乏時代認識與前進精神，擔負政部參議，殊不可勝任之概也。但據云彼等為革命先輩也，革命先輩而落伍，此誠革命之阻力，值此七七抗戰建國巨葉，正當本黨英勇擔任之際，願本黨先進，振奮精神，領導後進，實吾之願望也。傍晚散步時，同學誠懇告我不良習慣之應除者有：

（1）走路時肚子凸出，胸部後陷，

（2）腳著地時全身抖動，

（3）左肩低於右肩，

（4）頭面右偏，

（5）背微有駝，

意欲今後竭力革除。

本日覆桐蓀哥及家信，與彭冷芳信各一件。

7月8日

天氣久旱未雨，農田已二度龜裂，群望甘霖之降，然天陰後僅下微雨即停，於農仍無補益也，天意何不恤農艱之至也。再者，四川農民懶隋成習，祇知「靠天吃飯」，平日對水利毫不注意，犀水之工具，蓄水之池塘，皆付缺如。一值天旱，則僅恃天時之下雨，否則迷信以求之，全不思以「人定勝天」之法，求挽救於萬一，可嘆！今後政府，允宜提倡農民勤治農事之習慣，對於水利之指導，又宜力為普遍也。

7月9日

書月芬姊、民鑠、子貞信各一件，接昌煦自瀏來信，余對彼之不知自求前途，不能創造環境或適應環境，甚為抱憾。來信借款一事，余苦無力，雖有餘而力不足也，且不同情於彼之路徑，青年「東山看了西山高」，不求自力之充足，實非善也。錫專同學嚴欽亮來部，集合五、六期同學六、七人赴龍洞河洗澡，談及去歲今日，正被冤枉的異黨案，大家處於危城之中，思之不勝恐懼。程卓如同學說，我被誣為主席，今日想起那時的四個委員同開會的人皆死了，真愧我主席神通廣大哩。老林也說，每日僅吃二碗稀飯，想起還餓。我也想起六、一真是被朱定球冤誣的壹天呀，七、七更是被編

入徒手排呀，生命史的創傷，也許是人生途上的光芒。貽！該從痛苦中努力呀！我的起稿，實在太難了。每種稿都不知固定的格式，應用文變成不會去應用，實在苦我極了。但困難可長成我，我還要繼續學著呀！

7 月 10 日

卡片為人事制度中一種人事資料，可籍此參證與搜羅其能力、學識、功績等項，憑為人事獎懲與考核的根據。本組卡片與人事附件尚無基本工夫，為求人事上軌道計，此種人事資料之匯集，實屬重要。余負管理卡片及登記卡片之責，當力圖謀人事之資料之充實也，故終日忙于卡片工作之整理及人事附件之清理也。

7 月 11 日

接昌煦來信，知不安於現職，欲往他處也，並意暫借數十元作路費。余自身為經濟所迫，前日向桐哥匯伍拾元以濟急用，烏得款以濟乎？且彼意志不堅，時為見異思遷，余嘗勸阻無效也。故知彼宜稍受社會艱困之磨練，然後方有可成也。

7 月 12 日

本組組長羅念前前赴沅陵分發二分校學生，便請帶蚊帳壹床，給洋叄拾元，按蚊帳雖似可緩，然傍晚蚊蟲聲如雷，侵擾睡眠與吸收血液，影響於精神與健康，實至巨大也。

7月13日

母團藝術隊畢業同學雷迅（武進人）、王渠成來部報到，相談頗歡，並多方賜於便利之，二同學僅有軍毯壹條，以作被褥，艱苦可謂極矣。知母團已完全結束，周副教育長慶祥改任涪陵第二補訓處處長，昔日同學官長，隨往者大有其他。

7月14日

天氣亢旱久矣，近日陰雨，士民望雨之心得稍慰也。編列名冊「連檢號碼」不慎而錯誤，心殊不安也。接鑑照兄自武大賜函，此余第一次與彼連絡也，知鑑琳兄現在四川屏山金沙江工程處服務，鑑璋則在中大肄業也。晚，讀新湖北建設計劃大綱，知司令長官治鄂之「心」，以胡公林翼之心為心也，謀計劃而決志行之也。

7月15日

余平生素不喜蓄髮，且為紀念父親早歲梯髮之光榮，個人內心殊以不蓄髮為榮，且入社會服務以來，俱為軍事性機關或團體，更覺蓄髮為違背軍事性之行為，力避留蓄之。今歲四月患病，月餘未得理髮，甚為蒼長，念及家中余之照片無有存者，且父親曾屢囑寄回近照一幀，而限於淪陷區，今日之光頭殊難攝寄，故乃決意輕留蓄之。此乃曲盡父親渴望四年之情切而容也，迄今三月有奇，已甚長矣。今晚乃由林君鴻藻、陳君壽昌代余理焉，此余留髮，成功之首次也。

7 月 16 日

接桐哥七月一日發書，並附寄大人五月十二及十五日手諭，奉讀詳悉家中甚好為慰，店中營業發達，農事亦佳也。父親於三月十七日不幸在錫被誣捕一次，聞之對匪偽殊為髮指也。知鶴亭先生水泥廠前有位置錯過，殊為悵悵！囑桐哥今後仍留意謀之，俾為脫離政工時之出路也。覆桐哥信、朱靖信、際輝信各壹，與藝術隊同學雷迅散步於傍晚（常州人）。今日武岡分校二同學朱精誠、姚義良來本組見習，幫助余整理卡片及人事附件頗好。

7 月 17 日

製進修日課表，擱置案頭，俾日日惕勵而力行之。分日課與進德二門，日課有六，除辦公時間外，分：

(1) 黎明即起，運動、精讀；

(2) 早飯後作字；

(3) 午飯前閱報；

(4) 午飯後讀書；

(5) 晚飯後散步；

(6) 睡前寫日記。

進德有四：

(1) 表裡一致——不自欺；

(2) 言行一致——不欺人；

(3) 對己與接物一致——恕；

(4) 今昔一致——恆。

內頁書「修養之道」五項：

（1）敬——整齊嚴肅，應事時專一不雜；

（2）讀書——一書未點完，斷不看他書；

（3）養氣——無不可對人言之事，氣藏丹田；

（4）保身——節欲、節勞、節飲食；

（5）作字——凡筆墨應酬，當作自己功課。

內可裝工作計劃紙片，俾隨時檢閱也。

7月18日

舉行本科首次朝會，本科同仁咸出席之，由何科員伯言主席，報告報務會議略情後，繼即檢討本科之業務，與物質上之困難及人力支配上困難諸點，余感本人所負之責，因全部卡片毫無基礎，欲上軌道，勢非努力之工夫不可。今見習員二人助余，尚不足最近加快完成編寫與登記工作也。為工作迅速展進計，工作頗緊張，終日為之目暈眼花，又今日完成人事附件架壹座，尚可。

7月19日

下午三時，應澄邑同鄉戰一團同學徐道卿兄相邀，與戰一團本部同學陳君壽昌、林君鴻藻、黃君華、毛君鳳樓、黨政分會同學儲君景良、軍務處同學沙君曉峯、前政工大隊宋君樹人等拾人，同赴河場附近之特別黨部徐君處。因該處魚類稍便宜，吃魚又為共同目標也。該部地位優美，居於幽林之中，面對高山，傍有清溪。同學間互為暢談，親愛溢于言表，熱血青年相敘，誠不勝其歡愉也。二十年後，吾戰團同學，當有貢獻於國家社

會矣，吾將拭目而待也。飽嘗魚味，此余自民廿八年來
所絕少嘗味者也。談及據靈通消息稱，敵為準備北進或
南進起見，已擬自宜昌等處撤退，則我軍之挺進，當屬
大可能矣。他日能逐部推進，痛飲黃埔，余之務也。

7 月 20 日

上午，舉行總理紀念週，主席報告，並介紹副主任
盧光傑先生訓話，副主任為黃埔二期畢業，於軍事政訓
殊屬經驗豐富。主任報告，此次在恩施舉行黨政軍會
報，司令長官指示敵人有北進或南進趨勢，我方已準備
新局勢之推進計劃，將來宜荊之推進，當不成問題。故
目前各有關方面，急宜有收復地區之善後計劃。指示黨
政方面者：

（1）嚴格肅除奸偽特黨以振正氣；

（2）表彰忠烈以振人心；

（3）組訓民眾，恢復農村；

（4）協助恢復交通。

並指示各機關組織挺進隊，俾得隨軍進展工作。並
規定本部二週舉行座談壹次、公私生活檢討會壹次，長
官部一日擴大座談壹次云。規定本週為本部第一次公私
生活檢討會，採取三青團中央團部之野會方式，擇離
此三里之龍洞為會場，俾日時得遊名山古蹟，擴大胸襟
也。主任以下同仁皆出席，擇地於「龍洞」口之沙礫灘
上，檢討會開始。本日首為「自我介紹」，由副主任以
次逐序介紹之，同時佐以花生、李子，一時興致高沸，
不勝有無窮之快慰感喟也。蘄春的于紀夢督導專員以

「田家鎮」引起大家注意，義烏的黃華同學，以金華火
腿實在出產義烏引人注意，皆有妙處。旋開始探洞之
遊，洞口寬大，石壁高懸，奇石玲瓏，且石壁隙處，
有土豎牆之舊跡，似為過去匪類盤據也。洞中有泉水
自洞底徐徐流出，儼一小溪狀，水頗淺且佳，為有砂
底故，皆赤足涉水前探，入之愈深，光線愈弱，旋引
火以入，約計數百公尺黑暗漸消，乃抵出口洞矣，略
休息，旋由折出焉。洞口山麓，為本部前衛日報社及
長官部印刷所地址也，政部日訓班駐焉。稍經休息片
刻，旋即返部，時已十二時矣。接屏藩、月姊、彭團
指信各壹件。

7月21日

特務團陳指道明兄來部，談及特團情形，真是「特
務」變了「特腐」。那裡料想到一個革命集團代表的部
隊，更負本戰區最高司令部警衛的部隊，糟到這般田
步，談起官長會開小差，士兵會跑逃，俘虜會逃走，真
是豈有此理。部隊長官都是老粗，存心歧視政工人員，
那更是天知道的混蛋，我真為之不平不已。傍晚與鴻藻
散步，談及余輩今日可慮者有四：

（1）學資無憑藉，
（2）學力無根底，
（3）經力無常識，
（4）能力無特長，

真是前途之光明，急待從努力中發掘也。可幸，余
輩無不良習慣，且富熱情與負責之精神，前途或可從困

難創造也。晚，剪報二時。

7 月 22 日

　　閱本部編印之中外簡訊，知德軍已進迫莫斯科，
且已佔領明斯克東北貳百哩之鐵道中心地「摩斯稜斯
克」，按蓋地僅距莫斯科貳百貳十英里，有鐵路及公路
可直達莫斯科也。自上月二十二日德蘇戰爭爆發迄今，
僅為時一月而已，以平日素稱強大之紅軍，且國家以新
共產主義著於世界，復先後二度五年計劃之完成，何不
敵德軍之進攻何斯。觀乎彼強者，不一月而西部勢將
盡陷，反感吾國之抗戰，四年迄今，愈戰愈強，致陷
敵於進退維谷之境，實心有壯焉，更覺吾中華民國之
偉大也。

7 月 23 日

　　天時久為亢旱，苗將苦枯矣。今日天氣陰沉，下
雨，惜未大為傾盆也。川中農民俱賴而成性，靠天吃飯
之心理，牢不可破。天時久不下雨，僅知仰天遙望降
雨，毫不知以人力克服天災，此種農民之劣根性殊屬危
機深矣。深盼農業當局，廣事宣傳，挽此靠天吃飯之頹
風，而我行政當局，更宜因勢利導，發動灌水運動，如
鄂之省府然。他則水利之修闢，渠塘之開掘，水利當局
誠不可稍忽也。余目睹龍洞河沿岸民田，皆遭龜裂，
然龍洞河中之水，仍滔滔不絕流也。除少數風力或水
力水車利用外，無有一人力灌水者，誠屬駭人之見聞
也。川人乎，宜急起而直追，不可再為舊時代心理迷

惑或保守也。

7月24日

近日來本部之伙食特別差，病症所在，當然是副官的揩油，和第四科主官的不負責與姑息所致。當同學儲君文思回部四科時，曾雷厲的整頓總務，但不會給另有作用的當局諒解和協助，那當然副官們要和他倒台，更千方百計破壞他的計劃了。現在，膳食問題嚴重到不可收拾，同仁中有地位的，為了「官官相護」的客氣，也就不鳴了。消極的就時常加菜，枉如校官階級的比較有錢，那又何苦得罪了人家呢？根據這種趨勢的演變，伙食是分了高貴的卅五元一等和普通的廿元一等了，廿元等中稍有錢的，悶著氣也會加菜的，但大多數的尉官階級，在大膳堂中是每餐發洩著伙食太差的咕哩咕嚕，可惜似乎我們地位和階級太小，不配在這種場合發表意見的似的，儘發不平，還是沒有人同情和注意。難道這是革命政工高級■■中應有之現象嗎？我真的不相信呢？！！

7月25日

舉行本科例行朝會，因為上次朝會是特別提出了很多的工作困難問題，但對工作檢討和報告是很少的。因此，被秘書處向本科來了一個「官腔」，今天，大家就默默無言，很少「感冒」了。這大約是困難既不能討論解決，不困難的當然按序做去，還有什麼可檢討呢？給養副官聽說下月要成立膳食委員會，今日起如似臨別要

親熱幾天似的，伙食也稍好些，這「東西」真會迎合大眾心理！

7 月 26 日

今天是星期六，照例的小組討論「流產」了，大家似乎高興。但老實說，難逢的練習講話機會錯過，更是放棄了今日「對德蘇戰爭應有的認識」一題的討論，這實在是常識上一種巨大的損失！

本部是舉行第一次晚會，敦請政工第一大隊及本部的日語訓練班表演，會場是原前戰區政治部的「大禮堂」，事前也通知了長官部各單位，所以在七時左右，偌大的會場已擠滿了久悶於辦公室的同志了！難得的透氣，誰也是不願放過的，何況「樂」也是民生問題的重要部門。看！特別「茂盛」。我每次的參觀藝特會，總是汽燈發生「故障」，今日當然不能例外呀！「急色鬼」們不耐煩起來，照例一套「劈拍、拍、劈劈拍」！第一幕是壯嚴而宏偉的國聲——充滿了整個的會場，使每一個肅穆地立正著，描不出來的偉大氣概，活躍在每一個人的血流中！

眼福真不淺，「破天荒」的欣賞了第一次的「日語話劇」，劇名為「宜昌之夜」，是日語訓練班全體「母團」同學的集體創作！以三個月埋頭學習日語的成績，能夠流利的表演話劇，可稱為驚人之作。劇情是描寫「反戰同盟」在皇軍裡面的情形，演來逼真，博得群眾十二萬分的「讚美」。他們的「國際」相聲，編得是頂捐捐，希、拿的對話，更為幽默之極，拭目待吧，總有

一天，希魔會跳到拿翁的一塊吧。

政工大隊演出「未婚夫」，風趣橫生，詼諧畢集，恰到好處，否則，在十二時左右，誰還會不想老婆或未婚夫呢！

7月27日

午睡時，與陳組員談做人做事之態度，深覺做人方面，首要和平，對人極力避免無謂衝突，對己則時常反省與保持嚴正品德，對知己朋友之傾談，則尚不妨，總之君之交要「淡如水」，否則，見面即親熱萬分之人，第一流的必是幼稚，第二流的必是奸滑之徒了。做事方面要負責任，做完一事，更要仔細「檢查」，不可有疏漏之處。關於能力和經驗方面，常久磨練，必能步入門徑也。現在我們最危險的，就是只求在工作上求盡職敷衍，做人上和平友愛，而忽略了與日俱增的學問的進修——這是最容易麻木地犯了此病——不可不慎。

7月28日

上午，總理紀念週，主任報告：

(1) 首次本部日語訓練班畢業，希望今後本所學僅得之基礎，繼續進修，要在各部中找老師請教，更要在前線上從工作中、從俘虜上去學習、去研求；

(2) 今後工作所得之材料，要專呈本部以資參考；

(3) 日文之翻譯較易，日語之講話與聽則較難，此次三月之成績，努力所得，能公演日語話

劇，是可嘉許；

（4）德蘇戰爭之現勢，表面上德已勢挫，然事實
　　　上，北路之進攻列甯格拉，中路之莫斯科，
　　　南路之基輔，已皆傳兵臨城下，仍不斷前進
　　　中，蘇之危險，並未減低，報紙為減少國人
　　　刺激，尊重中央國策，故爾也。

日本之是否北進，抑南進，照現勢看，南進則暫為
聲張取漁利——越南，然藉越以攻滇緬，截斷我國際路
線，或亦可能也。北進則勢在莫斯科危急之時，或莫斯
科陷落之後，定有可能也。因威海威等之威脅，實為
日本之生命線所繫也。蘇之將來，或將同我為持久抗
戰矣。

7 月 29 日

上午八時，赴長官部衛生處注射防疫針，本科同
仁，咸注射之。但本部則注射者，僅及二分之一。此種
現象，考其不願注射之原因，厥為：

（1）怕麻煩——此去衛生處有三里許，皆怕動也；

（2）怕微痛——因注射防疫針後，不免要起反應，
　　　覺有微痛與不方便，更甚者則怕注射時之微
　　　痛，可笑；

（3）敷衍性的表現——認為疫病不一定會輪到我倒
　　　霉，不願事先防患於未然。

此種完全根源於國人忽視衛生常識與不願■事，事
先準備之敷衍性所長成。實則，今日正值大戰之際，所
謂「大戰之際或大戰之後，必有大疫流行」，防疫之注

意，在每人實不可忽視，況今日鄂省江北各縣，已為大疫流行，勢甚猖獗，已至救不濟急之勢乎。今日，12時測量體重，結果為132P，可謂相當重矣，此足證明身體之堅實，較之過去，實已增重多矣。將來體重能增至140P，余願達矣。劉組員典到差。

7月30日

散步時，壽昌于軍郵局取得令姊自瀘來信，知家中父親身體漸弱，應完全休養云，彼心甚憂慮。因目前居瀘市中，則煩囂終日不得脫離，郊外則秩序不安，錫則暗無天日，遭敵控制無一乾淨土地，兄則達觀個性，處事不得精細，雖居家仍不能分勞於父也。此時，余亦為家庭慮矣，父親在家，年已半百，子之長者，桐哥則服務教育界，已不得代勞矣，余亦供職在外，弟則尚青年力學之時，妹則雖可協助家務，然不得而代勞也，則來日吾家之商業，將何人繼承而發揚乎。余心于深夜苦思，頗為躊躇者也。美已助我航空員大批矣，制空權握得後，當不難反攻矣。

7月31日

本月份之工作計劃，預定為「編配會議後之前部新職級登記卡片」、「人事附件之整理編號」、「補呈人事附件發通知書」，全部皆能按預定計劃進度，僅第十軍未及辦設，此乃受牽累遲延也。從此「卡片」工作，奠定初步基礎，衷心稍安，此後逐步充實，不難按部就班也。

　　在進修方面，於本月十七日訂「日課」置案頭，以資警惕而策勵，但檢查「行」的結果，「早起」已漸「遲」，「精讀」漸進，僅得「前後出師表」二文，則不足遠甚，「作字」尚不能按日如「恆」，「閱報」亦不能細心閱讀，午飯後「讀書」則成績最差，尚未閱讀一整「書」，「散步」則久而成習，尚有益身心不甚少，「日記」雖每日必作，但內容空泛，又少寫作之練習，「進德」方面，似乎尚無不可實行之點，但心情暴燥，常對現實環境不滿，好作不平之鳴，然此亦青年必有之朝氣也。

8月1日

本部成立膳食委員會，由各科室各推代表一人為委員，本科代表鮑厚成同志，擔任主任委員，努力劈劃，負責監督，能說能幹。今日第一天開始「突擊」，以閃擊姿態出現，本部同仁，咸十分感覺滿意，咸說：「油也轉移陣地」了，已從貪不足的副官身上，轉移到「菜」中了，成績的確美滿，質量皆超過過去甚多了。晚間，書軼叔、雪叔、贊叔信各壹通，詢贊叔家庭情形並提及英事。草擬本月之工作計劃，待修正後，當求計劃之貫澈實現也。

8月2日

自日寇勢力進侵越南，太平洋局勢突趨緊張，英美為聯合對付計，已封存日寇在英美及屬地之資金，貿易亦趨停頓，其他荷印等地，亦採英美態度，日寇予受嚴重打擊之後，亦封存英美資金以報復。以目前形勢觀之，日本確已遭受英美之經濟封鎖矣。他則自英蘇成立軍事協定之後，蘇英協議遠東局勢，大有形成英蘇中同盟對日制裁之可能。又另一方面，英國賢明人士，主張中泰協和，是則實亦制止日倭南進企圖之有效辦法也。青年人之特性是負責任和熱情，觀於伙食委員近來之汗流夾背，為工作不惜破除情面，摧毀一切惡環境，誠為本部今日之青年運動之高潮。「日有所思，夜有所夢」，今夜夢中迷迷，已置身返家鄉矣。

8 月 3 日

七時，於三八軍郵局後面山地空隙處，會敘列座於山石錯參中，舉行本部第二次公私生活檢討會，繼續第一次之「自我介紹」，余亦報告云，大意謂：「我姓王，名貽蓀，江蘇省江陰縣人，江陰為長江要塞，以『大砲』著稱（同仁皆微笑），又富魚產，在沒有魚吃的今天，想起吃魚，實在有點『感冒』（皆微笑）。我今年二十四歲，在民國二十五年脫離了中學校，就為那時蘇省陳果夫先生主省政時，主辦之國防民眾組訓服務，抗戰發生，動員民眾參加了間接協助作戰之工作。家鄉淪陷，到武漢入鄉幹班受訓，分發江陵縣工作。二十六年投入戰團，二十九年十月畢業，分發來本戰區，旋留部見習，復派軍委會特務二團為代理連指，對特務團政訓，頗望能注意加強（主任記載），使作戰區政工之模範。六月一日奉調回部，今於第一科負『人事資料』登記之業務，此為本科新辦業務，進行尚能按計劃進行。最後，特別聲明，關於『人事資料』方面，各同仁要找參考，或找朋友的話，很可給各位方便與參考（眾微笑）」。余為補救講話欠明淅與土話成分太多，不易為人瞭解計，故今日講話力求緩慢，聲音稍為高昂，結果成績似尚強人意也。

「自我介紹」中認識了本部許多同仁，為工作計，為互助計，為找朋友計，為找進修計，這裡面給我許多的賜予。另一個有力的教訓是，「認識了時代、目標，始終的努力耕耘，雖平庸者，亦可有成也」，許多的同仁可說都從平凡的埋頭的「幹」的中間，慢慢的長成了

起來。膳食委員會的困難是繼續不斷地阻生，做事之
難，證明了現社會的黑暗卑劣！七月份薪餉算了共去
膳食十九元餘外，領得 29.55 元，遵守「不透支」的經
濟原則，今後或可免掉「窮荒」。

8月4日

　　舉行總理紀念週，柳主任講評「公私生活檢討會」
之成績，並提出對十二位同仁答覆：

　　（1）公私生活檢討會的目的，是希望由「自我介
　　　　紹」到「自我批評」、「相互批評」、「集
　　　　團批評」，藉收「批評」之效果，今日特將
　　　　「批評」與「攻訐」下一界說，「就是批評
　　　　絕對不是攻訐」，「批評」是「善意」的，
　　　　「攻訐」是「惡意」的，出發點在「良心」
　　　　上完全不同，「批評」是對「事」的成分較
　　　　「多」，不像攻訐的「對人」成份「大」，
　　　　我們今日需要的是善意的批評，對「人」是
　　　　以對「事」為出發的。

　　（2）講話的態度，我的研究應該有三個條件：

　　　　1. 公開，完全採取公開批評的態度；

　　　　2. 負責任，說話是負責任的，就是所說的事
　　　　　實是有根據的，並不是「捕風捉影」或「人
　　　　　云亦云」的毫無根據，甚或標榜人；

　　　　3. 慎重，古人云：「病從口入，禍從口出」，
　　　　　就可說明很容易因為失言而違背了好意，
　　　　　使人發生「反感」，雖況今日抗戰時代，

凡事不為「三思」般的遲延，但「再思」
是必要的。

以上兩點，是我們以後「公私生活檢討會」大家應
遵循的兩大原則，因此，也可預防其流弊之發生，做到
我們「防患於未然」的工夫。下面解答：

（1）個性「強」的問題──個性「強」是絕對
的「好」，因為過去我國對一般「名詞」
無科學的「假說」，致模稜兩可，使人懷
疑，這是很大的毛病。要知「個性強」絕對
不是「剛愎」，個性強是人之「天性」，
人皆有其獨特之個性，然後由個性之發揚發
為「正氣」、「節操」、「自信心」等吾人
必具之美德，否則一個人沒有個性，或隨波
逐流的轉變個性，那麼此人就「漢奸」、
「賣國賊」等都可以做了。「剛愎」不就是
「個性」的徵象，而僅是「意氣」，或一種
「衝動」的象徵。他是暴露一個人「養氣」
的不足，「認識」的不夠，僅是犯「幼稚
病」吧了！另一方面，「個性軟」是不好
的，古人云：「君子自『強』不息」，需要
的是「強」，惟「強」而能「健」，而能
「不屈」，進而發揚「正氣」，正大光明的
生存於世界，否則，「軟」就是「軟弱無
能」，也就是「無用」。到了困難不能克服
的時候，「就能卑躬屈膝」，甚而「喪失廉
恥」，今日汪精衛之流，就因為「軟」，根

本好像沒有「骨頭」，已經完全喪失了頂天
立地做人的「個性」。

（2）職業與事業的問題──「職業」是國家設官
分職，分配或命令我們做的「事」，而事業
是我們個人的「志願」，所研究、創造、獻
身的「事」。吾人能「職業」配合著「事業」
去服務，當然是最合理想的。但天下之事，
往往「職業」與「事業」是不能配合著都稱
心去做的，在國家抗戰的時代，更不允許我
們選擇「事業」的「職業」，而一切應該
犧牲，為著國家民族生存與復興的偉大「事
業」，放棄個人之「權利」。有一位同仁
說：「拉著黃狗耕田」，像這種情形，就是
國家戰時的現象，並不算奇怪。但今後本部
為調劑同仁之「職業」起見，我是會盡最大
努力的，但絕對是做不到「滿意」的。另一
方面，現在有許多人，他是在「職業」本位
上盡「崗位」的職務外，他是會找「事業」
的所好而去研究的，或求娛樂的，像教部顧
次長毓琇，他是學工程的，在北大上理學院
院長的時候，他也曾寫著名的「劇本」。

（3）「特務團」的政訓──是應該特別注意的。
由第一科與第二科會辦考核其人資與工作的
情形，於本星期四會報提出報告。此地，本
人提出此問題之主意，還在引起上級對於整
個特務團的健全，否則，軍事基本幹部的不

健全，是會影響於「政工」進行的。雖然
「政工」的健全，可以轉變「軍事」，但在
今日居於「副的」地位，和「政工」遭人
歧視的今天，欲藉「潛移默化」來急救「腐
化」的急流，是很無把握的。加強特務團政
訓的「領導力量」與「指導與視察」，也是
十分重要的。我的批評是「善意」的，所以
在公開的場合，我公開的提出了。

（4）「階級晉升」與「經濟信用」。一個同仁說
他做了「三年准尉」，也有二次「擢升上
尉」，談到「晉升」，國家設官階分位，是
規定有年資的，不可任意授受，而失激勸
之至意。現值戰時，年資的限制與程度已減
低，准尉已半年即可晉升，尉官也一年或
二年就可晉升，這不可不算已適合戰時環境
的情形了。至於破格任用當然亦可，但「破
格」就是例外，否則人皆「破格」圖之，人
事之軌範已亂，將何求保障乎。談到「三年
准尉」這種埋頭苦幹、只顧耕耘的精神值得
大家效法。「政工」同志的官位敘銓，似乎
軍委會則不承認為正式軍官，不可敘銓，敘
銓部則否認為行政公務員，也不列文官，似
乎大家成了「不文不武」，照總裁說「建國
必先建政工」、「軍事第一」、「軍事領導
政治」，則「政工」之重要在「軍官」之
上，而「軍事」領導政治，何況軍隊之「政

治黨務」皆我政工同志擔任也，則我「政工」地位，不低於任何人。今者，徒為當事人之意氣用事耳，將來抗戰成功，我政工之同仁，理有其應享地位也。經濟主持人員之能勝任愉快者，厥為保持其「操守」，而經濟之最高度形式，僅為「信用」二字，經濟之將來，或將僅憑「信用」以維繫之。故人對「經濟」而以「信用」保證。例如朋友借錢，或朋友向你借錢，至以人格信用擔保之時，實以臨最高度「……」之時期，汝必當允之矣。否則，彼之「信用」即已破產，當有其他可論，故「信用」應善用保守，且不可以輕以「信用」出賣也。

（5）「官」的看法——一位同志身經北伐時代、剿共時代，到今日抗戰時代，覺得自己沒有什麼成就，也沒有什麼「做官」的念頭，並不像「患得患失」者，而能坦然自求其安，這種對「官」的看法，似可取法。原來國家之設「官」，不過為「政治」之僕傭而已，在個人，也是為社會人群服務，能不患官之「大」之「小」，在求安其位，盡其職，就以盡為「官」之「義」了。

（6）碰釘子的道理——有人自己認為很誠實、直道、和平，但許多地方和時候，總不免碰釘子。研究道理，總還不免「德不足以化格」所致。假使能退而養其性，「反求諸己」，

一定可以找到「碰釘子」的原因。

（7）「出身」的觀念——本部有幾位是「行伍」出身的，能坦白的報告出來，打破此種「階級」、「出身」之觀念，實在非常好的現象。但我們要注意，第一是保持「行伍」時的優點，譬如禮節、動作，不可因為當「兵」時，就做的很確實，現在就「馬虎」了；第二是保持現在的身份，現在究竟是「官」而非「兵」了，官的尊嚴和身分是要絕對尊重，也就是尊重國家之名位。能摒除「出身」觀念的限制，是吾人應取之態度。

（8）三種趨勢——有人說，他有第一「吃菸」的趨勢，他抱了二種態度，「人家請吃，是不拒絕」、「自己不買菸吃」。談到「菸」，我是不吃，當然不知「吃菸」的必然性，但我也不絕對禁止，而是主張「節菸」，要有限度的節制。而對於不吃菸的青年們，則勸大家不要吃菸，本部則辦公室不要吃菸是我的條件。第二是有「肝火」發的趨勢，這是我主張絕對壓抑的。惟有「心平氣和」才能延年益壽，惟有「和平處事」才能減少無謂之摩擦，發「肝火」是人所難免，但要壓制才好。第三是求「愛」的趨勢，古人云「食色性也」。愛為天性之生長，更為人生旅程之一要，反對「愛」、反對「結婚」是違悖天理人性，所以我不主張「禁慾」，

而主張「節慾」。總之，現在談「愛」是有條件的，第一是不妨礙現在的工作，不可利用辦公時間，也就是「國家的時間」去寫愛情信，或因愛的波動，而影響工作的精神；第二是本部範圍以內的人不得談「愛」，否則，日久離本部，你做自由之國民，而非軍人，當然毫無問題。但根據個人的研究，「賢內助」能幫助我們「事業」、「精神」上成功或發揚鼓勵的究是少數，而大都影響了「事業」、牽累了「精神」，更在抗戰難苦的今日，帶「愛人」更為最傷腦筋的事，可說「小家庭」不是樂園，而是「氣筒」了，所以青年同志們能待抗戰勝利後談「愛」還是最好的，這也是事實如此。

關於「擺龍門陣」我有條件的。第一是辦公時間不擺龍門陣，第二是不擺低級趣味的龍門陣。假使能改良「龍門陣」的「內容」，我認為還有提倡的必要，何況各省的同志，非抗戰之故，何得良機相識乎。

(9) 走直線與曲線——和做人做事取硬性或軟性，我的主張，我們要絕對走直線，也就是取硬性。我國一貫的做人做事是「忠誠拙直」，絕沒有走「欺詐騙拍」的道理，所謂「直道而行」、「信義和平」都是我國一貫的做人做事最高原則，絕對應該遵守。但做事的技術問題，是科學見解，因經驗能力而

差異，也不是軟性或曲線所可混稱。

（10）拉與推——一般青年或性急前進者，不免處
事為人犯著過「激」之病，為使其走上正
軌，就要用「拉」，使他按序緩進，而免出
軌。對一種青年「老成持重」，失之於「遲
疑者」，就要「推」，使其能迎頭趕上，
不致遭落伍之列。本部同志中，有欲「拉」
者，有欲「推」者，當因勢而利導之。每同
志為部隊長迫其舞弊，抗拒而遭撤職，此其
罪當歸諸長官，然遭此而不再「抗議」竟攸
然返家，青年輕視國家「名位」與「法律」
之尊嚴，此種心徑，誠宜更正。再者，公開
之批評與建議，皆為「民主」之精神，然不
按正式手續進行，亦屬非是者也。

（11）不會交際——有許多同志深深自覺太不會講
話與交際，然此並不嚴重也。講話能都練習
即可，只則技術問題也。交際誠屬重要，人
類為群居之生物，人與人之密切關係，不可
忽視，然「吹牛拍馬」非交際也，能「待人
以忠信」博取同情亦足矣。

（12）人生觀問題——提供陳長官與總理及總裁
言行作證引，強調「入世」觀、「服務」
觀，以「生活的目的，在增進全體人類之生
活」、「生命之意義，在創造宇宙繼續之生
命」，並訂下星期由孫教官愚潭、魯副主任
宗敬、孫參議等講演。旋即結論。本科丁科

員巨任到差，同居一寢室，從此年青的「集體」氣氛中，添上了「老氣」。

8月5日

接軼卿叔來信，評述：

（1）欲謀事趨勢；

（2）生活程度太高，月需零用六十元；

（3）鶴亭先生患肺病；

（4）家鄉米貴至150元一擔。新四軍盤據，將澄邑劃分沙州與江陰貳縣等，荒謬之。

觀此，知：

（1）現階段大學生之苦悶傍偟；

（2）陪都生活之高漲；

（3）鶴亭先生剛以發明灰土代水泥聞於國家，今已身體漸弱，患肺病矣，則前途影響事業，深可憂慮，故吾人對身體之鍛鍊，誠不可藉任何理由而摧損也；

（4）新四軍橫行淪陷區，實足可慮，游子化外，頗以家鄉為念；

（5）軼叔現已讀中大二年矣，然來信中文字欠通順，訛字頗多，字體亦劣，此誠現階段「學生」忽視國學所致，將來置身社會，國學為常識之學問，寫字為應酬之技術，如感不足，實為萬分感痛苦與悔恨者也。

發贊叔、雪叔、軼叔、友樵、文漢信各件，書百川、黃學成信各一通。

8 月 6 日

接軼叔自中大來信：

（1）述及擬棄學謀事，致書勉艱苦向學，務求高深學問與較高學資；

（2）生活程度高漲，一切之艱苦，於戰時吾人務必忍受，且中大之生活，當較好於戰團也；

（3）鶴亭先生身體欠強，頗為憂慮，此告吾人欲求高深學問者，健康之身體為必要也；

（4）吾邑分裂為二，奸匪之狂謬，可惡之極矣；

（5）家鄉米價每擔壹百五十元，已較此地為昂，殊堪驚慮，淪陷區之苦，遊子實不放心也。

書黃學成探詢黃克誠現址住處，發之。

8 月 7 日

久雨後，諒民不為旱苦矣。吾心亦開，與壽昌、光耀等散步抵托腰樹，旋即回，天又似欲雨也。近年來身上「水泡」層出不窮，皆發於手足趾，殊以為苦，幸政部同仁努力於伙食之改善，頗具成績，每日營養尚足，故仍覺身體日就健強也。

8 月 8 日

劉級階同志來本科見習，助余登記事務，今晚與劉科員典散步並吃茶，用去洋壹元叁角，略談部隊政工情形，劉科員新自團指調部，部隊情形及經驗頗豐富，資參考者頗多。

8月9日

下午七時，允日語訓練班丘教官憲章及張科長世愛邀，赴「龍洞」前衛日報館之日語訓練班參加會餐，本部參加者有一、三兩科同仁八人，餘為日訓班同學廿人，皆我戰團六期之同學也。菜餚頗佳，炒麵又特具風味，母團同學有數十人相敍，又為無上愉慰，無語相祝，希望以戰團精神「吃苦耐苦」、「精愛團結」展開對敵宣傳工作與奮鬥前進而已。該班畢業證書為印油者，但頗美觀且佳，有日語訓練畢業紀念特刊一冊，雖亦屬油印，然材料豐富，頗可資紀念價值也。

8月10日

上午十時許，軍委會特務第二團彭團指冷芳來部，為余在團時之指座也。為請示工作等計，頗為忙碌，分訪各科室、負責主官人員，午後又進謁正副主任，可謂忙矣。前蒙團指慨允移挪款念元，發還之。又特團政室初成立，連指雖已增設，但總部尚未核准經費，故本部亦未發放，致團室及各連指，殊為此所困。特團政訓，在本部附近，允宜為各方面之政工範示，部方甚為重視。但特團人事繁雜，主官屢易，致幹部皆不安於位，消極、敷衍、塞責、辭職、開小差之風，不可收拾。如此現象，可謂直接負責訓練與整理者已生危機，則居協助地位之政工，推展工作，困難必多矣。飯後，與同學董君淮等十餘人赴軍務處王錫兆、朱錫麟同學處，王君係四期，能力甚強，彭團指擬邀擔任團室幹事，但礙於部方之不能通過也。昨晚睡眠不足，精神困倦，午睡又

犧牲，真疲矣。加做新軍褲壹條。

8 月 11 日

今日為星期一，原定工作計劃受招呼彭團指影響而停頓（指私事言）。清晨，舉行總理紀念週，主席柳主任報告數點：

（1）嚴守公務上之秘密；

（2）嚴禁不良與破壞軍風紀之行為——賭博；

（3）今後值星官務須傍晚清查並報告；

（4）本戰區特有工作精神之發揚：

      A. 高度的工作熱情，

      B. 嚴伸軍紀風紀。

晚，本科羅科長念前自沅返部，蒙代購之蚊帳壹床，計價洋叁拾捌元，貨較鴻爪於恩施購者為優，頗為歡欣。晚甚疲勞，因午睡久已成習，特然停止之故也。作桐哥書一封。收國萱來信，述及擬來六政。子貞來信告練習書法之道，甚慰。

8 月 12 日

科長帶回之陰旦士林布甚好，余愛之，蒙分割上衣料壹件，計每尺僅 2.25 元，捌尺為 19 元，可算便宜也。今日寄子貞報紙壹圈，發桐哥信壹件，貯積小筆壹枝，忽不允，惜之。向庶務室領小楷壹枝，頗佳，因好筆為練習字之必要條件也。特團帶來前擬總理遺教之精神講話稿，思暇時再更改也。文範帶去總理全書壹冊，此書余愛閱，但似不便向之取也。國萱託向張專

員擴之進言，謀見之。特團邀雪非同學前赴任團幹，
今後各連同學或可稍得領導，心稍慰，但恐雪非德尚
不足領導為慮也。

8月13日

今晚於戰區幹訓團大禮堂舉行「擴大晚會」，由政
治一大隊演出「新女店主」，女角杜玉梅尚可，餘則身
份、表情、動作皆差矣。自抗戰開始，轉瞬四載，我忠
勇同胞的犧牲奮鬥，已獲偉大成功。今日國際形勢之有
利，抗建之順利進行，皆鐵的事實，告慰。今後我同胞
再接再厲，艱苦奮鬥，則抗建必勝，可指日而待矣。

8月14日

接劉賢文同學自總部來信，述及留總部同學皆好，
慰甚。覆文範、迅信各壹通，又育興壹通。得閱向樸日
記，知所記為重大事項與思想紀錄而已，此種摘要式之
記載，亦頗合經濟價值。

8月15日

晨操時副主任訓話，略述晨操之重要並告今晚為同
仁加菜，稍增營養，中午，伙食委員會加油，亦為結束
前之成績總表現，諸菜皆為鮑主任委員親為烹調，其味
可口，同仁咸滿意萬分。計該委員會成立迄今，業已試
辦半月期滿，果然成績相當美滿，可副同仁之希望，而
不愧「伙食革命」同志為同仁服務之忠誠也。然另一方
面，為影響所及，大表不滿，出之於攻訐者有之，人後

譏評者亦有之，暗中破壞者有之，觀之，世態之黑暗，
青年之為舊勢力包圍，誠不勝吾嘆。語云，「哀莫大於
心死」，吾國之江河日下，實負責者皆「形為物役」、
「為善之心已死」之故也。明日起伙食仍將交副官接
辦，伙食委員即將結束，此乃因各同仁皆有公務專責，
不克分身兼辦之事也。

8 月 16 日

　　閱十一日新湖北日報，知湖北省省黨部舉辦之黨義
論文競賽揭曉，計投稿者壹百四十三人，余雖名落孫
山，但自覺參加競賽之勇氣，能於全省 143 人中亦據其
一，頗以自慰。吾籍此而能加深黨義之研究，吾願已達
矣。赴中山室借書，其應用之「借書證」、「借書登記
表」、「借書規則」等，皆依據余初所設計者，且該室
管理員頗稱應用便捷，由此可知依據科學化之管理方
法，實屬最佳也。書劉君賢文、王君友樵信各壹件，以
發揚「親愛精誠」精神，埋頭苦幹作風互相淬勵，吾人
應認識革命之正統，向前邁進，博得社會之公論。製
「人事袋」壹只，備人事資料保存之用，陳壽昌協助完
成之。覆子貞書，作家報壹通，詢年成如何、店事如
何、英事如何，久未得來諭，相念殊深也。

8 月 17 日

　　上午紀念週，副司令長官黃其翔主席，即席訓詞，
闡述國際現勢與評論德蘇戰爭並論證中日戰爭之我國必
勝。黃氏從進化原則，力於聯合與總和，政治之進化，

民族與文化之發揚，論證國際現勢中反侵略者之勝利
有望，同樣德蘇戰爭之將來，蘇聯能從持久中得國際及
上述優點而獲致勝利。我之抗戰，則利用交通之落後性
而阻敵前進，經濟之落後性而能自給自足，同時，利用
政治之進化性而政略上戰勝敵人，民族與文化的進化性
而在精神上戰勝敵人。故吾人之抗戰，益之國際有利形
勢，必勝無疑。

8月18日

　　讀總裁講總理遺教六講之第一、二兩輯，總理遺教
為國民之基本智識與學問，更為革命家之南針與最高之
理論根據，實為吾人成功立業應遵循之最高原則與規則
也。此書前曾閱讀，今自第三組書庫新領「總理遺教
講」、「總裁最近訓詞七種」、「中國國民黨黨史紀要
第一輯」、「增補曾胡治兵語錄」四書，故首自此書研
讀之。

8月19日

　　總部電知軍校軍訓班調訓「特訓班、政訓班、幹訓
團」畢業生受訓，本戰區額定百名，本科黃華、林鴻
藻、鮑厚成皆欲往之，余思前赴，苦初來部，似未便請
求也。計劃「人事附件應用冊」。

8月20日

　　此次軍校軍訓班調訓，本部經部務會報之通過，決
定不予調訓。本科熱烈希望之諸同志，再三向科長要求

後，由科長向主任請求本部准予幹團與特訓班各調訓一人，即由黃華與鮑厚成當選之。總裁曾說：「政治必須武力為之推動與促進，反之，軍事的勝利，又賴政治為之保障，加以發揚，所以文人如不懂軍事，便不能幹政治，軍人如不能懂政治，亦不能辦軍事，所以，凡是現代的革命黨員，一定要文武兼全」。這種剴切明確的訓詞中，指示了我們必須要研究和學習軍事，才能幹政治。但本人因剛在幹「政治的政工」，還沒有片斷的歷史和工作的心得和記錄，所以還是不想立刻受訓，準備把握現實，稍從工作中學習經驗一年或相當時期以後，那麼調訓時當然要貫澈目的的。

8 月 21 日

此次分發本組之二分校見習員朱精誠、劉級階二員頗努力工作，學習與自修精神亦佳，對之頗為欽愛。林同學鴻藻，近因身體不佳，精神受刺激，不良性情「暴急」之反應特大，頗為慮之，常謀妥勸並與壽昌討論之。

晚赴科長室，討論明日朝會提案：

（1）所擬「人事附件應用冊」是否妥善、是否油印備用──修正採用。

（2）添製「人事附件架」二層及用具「剪刀」、「切刀」、「米尺」各壹件──簽呈交回科辦。

（3）調整業務，由余主辦卡片、人事附件、彙報、七五軍（先由陳壽昌辦簽）──留待朝會討論。

余頗滿意，回辦公室即擬修正應用冊壹格式，旋睡之。

8 月 22 日

閱總裁講總理遺教六講，頗有心得。第一講「政治建設之要義」，提示政治建設之目標——務求「人盡其才、地盡其利、物盡其用、貨暢其流」，以期國計優裕、民生樂利。當今政治建設之急務為：

（1）調查戶口、

（2）辦理警衛、

（3）清丈土地、

（4）發展交通、

（5）普及教育、

（6）進行合作、

（7）開墾荒地，

最後闡明為政貴在「力行」。

8 月 23 日

本部舉辦晚會，並歡迎總部羅委員，由四科科長申體康自拉自唱，愈拉愈有勁，愈唱愈妙，真是最為出色，不愧為本部同仁之戲迷老師也。五科王科員濤聲表演捷克斯拉夫人參加晚會，由張科長世愛翻譯，畢真畢象，十足是高鼻子，滿口外國話，好似新從恩施趕來參加似的，邱教官憲章的提琴獨吹，龍小姐雪成的清唱，潘佛海的慶生戲，林鴻藻的國術，也是相當出色，可惜毛教官的音樂太差了。羅委員的訓示「這個、這個」

是特別多，好似熱情之盛，萬分欣奮了，張科長的答辭說：

（1）我們好像這裡點的火炬，衹要部長為我們加油，我們是永久會高燃著革命的抗戰之火的；

（2）這裡象徵是深深的山中，很希望得精神食糧方面的補足；

（3）這裡來的同仁們，是好像出了嫁的姑娘，他是決定要堅苦創家立業了，決不會再跑回他的老家，而負了家人的原望的。

8 月 24 日

上午，精神欠佳，大約因為吃辣子過多原因，小便水道微微發痛。下午，糊里糊塗睡了半天，真是萬分的無聊，總覺得自己各方面的努力太不夠了。看到二分校學生的努力學日語精神，真覺得自己落伍了似的！不知什麼道理，精神稍用即感疲乏，似乎我對精神的運用太「姑息」了吧！傍晚，照例的散步，在馬路旁和丁、劉二科員吃茶，大逛「政治部路」。

8 月 25 日

舉行總理紀念週，主任請總部羅委員訓話，該委員舉止不定，言無輪次，可笑之處百出，因為沒有講「請稍息」，後來主任就叫大家「稍息」了，此時該委員竟面紅耳赤，連道「神經衰弱」、「對不起」！主任訓示，講述「民族鬥爭」之高於一切，追述「法國之悲劇」、「英國之罪人」，可惕！介紹「歐戰速寫」及

「關於共產檢討的某書」，提倡充實精神食糧之重要。今日借支薪金洋肆拾圓，買了黃華同學的一件大衣，大約藉此可過冬了！老鮑的彙報交我辦了，七十五軍我學辦稿，今後想在等因奉此上求得些收穫啦。

8月26日

提前本科朝會，討論鮑、王兩同志離部後科務之分配，暫由余接辦（兼）鮑厚成同志之業務，黃華同志之業務分由何科員伯言、劉科員典擔任，特種兵團則由見習員劉級階辦理並學習之。余對科長此種分配，一般極同意，但余既加重職務，照例值此卡片登記工作繁重之際，劉階級同志助余共同辦理登記，亦方稍入門徑，似不宜將劉同志調擔學習特種兵團之單位，俾影響余卡片整理計劃之完成，同時，劉同志之今日尚對公文處理生疏，亦宜稍待時日觀察也。固然，值此二分校同學大批來本部各單位工作之際，培植本科之新進，為來日互通聲氣與策勵，理所宜也，但總不覺時間過早也，況余並不自私而言，蓋劉同志既擔任單位之學習，勢必停頓卡片之登記，則以二人之登記責諸一人，再加之彙報，分類登記，余之時間，恐為困難矣。況專門處理枯燥之登記，助余進步至少，在進修上頭妨礙也。否則，深而為之，精神與時間有所不逮，必受損失至鉅也。

8月27日

中午，為鮑、黃貳同志餞行，參加者羅科長念前、何科員伯言、丁科員巨任、劉科員典、鮑科員厚成、陳

科員壽昌、黃科員華、林科員鴻藻及余九人，痛飲暢甚，油花生為特味也。傍晚，舉行本科歡送晚會，增加出席人為見習員劉級階、朱精誠同志，吳普揚、歐陽鶴、宋立功同志，濟濟多士，在余等寢室為之會址，各個以真誠，坦白互勉，收穫良多，茲摘錄余與鮑君者記之，余對鮑君有四點「感冒」：

（一）對各位同志之「反應」中，忘了「老王」，好似電影中脫了節。

（二）鮑君是最聰明的，但余否認聰明者為聰明誤之見地，但余承認聰明者在時代前進之途中，最容易遭打擊、阻撓或為犧牲者。故聰明者為非常人，當抱定為社會與群眾「服務」的觀點，雖強前進，但手段不妨求策略之妥當也。

（三）感情應受理智之指導，理智之理想為吾人奮鬥之目的，希望鮑同志能將理智補救感情之缺陷。

（四）希望受訓期中，完成化除青年分歧派系之觀念，將青年熔在主義正統之下邁進。

旋鮑同志對余發表「感冒」：（1）第一個印象據此張專員擴之說很好，但見面後並不見得為然，更是一副馬虎的樣子，第一次就給我不好「反應」，更侵犯了我的自尊心，說我「同他一樣瘦」，更譏他「拿不起槍」，這樣開始給人不好的印象，似乎不好，也引起我的不願交代工作給你。第二點印象是轉變了，見你自己研究懂了卡片，並預訂了工作計劃，竟逐步的完成了預

定計劃，表現了你的能力很強，過去的不好印象，或為
你「驕傲」造成。第三，提供化除青年派系一點，一定
接受做到。何科員對我說，找不到你的毛病，今後可捨
武就文，多讀統計書籍，你工作有計劃而能確切遵行，
持之以恆，當然一定有成就的。劉科員也同意我在用腦
筋方面去發展。我對林鴻藻同志的意見是「健全心理驅
除病態心理」，對全體同仁則注意潛在之危機，「祇知
應付公事、人情，而忽略了時代智識與學問」，今後要
提倡求智風氣。同時，本科鮑同志領導下之熱情朝氣，
亦應保存與發揚也。科長說，多讀書，少問事，又其
不要參加課外活動，研究小教程，最為熟讀為宜，確
是的論。

8月28日

　　近日因加辦彙報、登記卡片，大有應接不暇之勢。
人力不足，影響計劃推進，頗慮。對某同志之不顧大
局，固執己見與私利，甚為不快，此為幼稚病也。關於
今後卡片工作，擬即訂九月份整理計劃。請示科長，聞
司令長官返部，得機聆訓，頗快慰。接月姊來信，仍服
務於桂陽朔衛院，甚佳。早日軼叔來函，謂家鄉欠安，
殊思！

8月29日

　　上午八時，司令長官陳訓示於戰訓堂大禮堂，長官
部以下各級單位，皆行參加，大意謂國際有利於我，美
國已助我充份之反攻用大砲及機械化戰爭利器，並申述

當前要渡過難關，忍受生活艱苦，要發揚早日黃埔之革命精神，務期精神克服一切。

8 月 30 日

接退回寄玉溪偉青函，知桐哥下期或將更動矣。今日工作真忙，很少暇時可利用閱書。最近閱完了「總理遺教六講」後，接著閱「民生主義論戰總清算」，過期了二月，還沒閱三分之一。真是氣我至極，但工作又是加重了相當的忙。

8 月 31 日

新做的坐右銘上，增列了處事一項：

（1）整齊、嚴肅、迅速，專一不雜；

（2）計劃、執行、檢查，一以貫之。

所以今天先來了一個九月份的工作計劃，俾得遵循實行，指日期收成效也。

一、整理部門：

A. 添置「附件架」、「具用」、修理「卡片箱」

B. 軍民合作站製「卡片」、「附件」、「發通知」

C.「卡片」、「附件」之清查（附件數量）

D. 剩餘「附件」之登記、保存

二、充實部門：

A. 印製「人事附件應用冊」

B. 補呈「附件」之編製、慎實卡片

C.「應用冊」之運用，再發「通知」補全

D. 登記業務與管理業務之研究改進

三、兼辦彙報案與人事統計，七五軍之辦稿。

讀書方面：

A. 總裁最近訓示七種，中國國民黨史

B. 民生主義論戰的總清算

C. 統計書本

D. 古文精讀四文、研究四角號同檢字法、五筆檢
字法、習字照常

9月1日

本部成立週年紀念日，與總理紀念週、國民月會合併舉行儀式，主任赴湖南視察，由魯副主任主席，述及本部成立之有今日成績，頗對同仁慰勉，又以「合作站」為工作有顯著成績也。近日來林君鴻藻時因查卷宗欠靈活，遭科長之叮嚀，青年做事，有許多注意不到處，深宜從工作中體念也。近日因工作稍重，大有招架不周之勢，僅有努力一途而已。士龍囑為前衛日報寫稿，惜久不握筆，生疏得很，久思又苦也。

9月2日

發函特務二團彭指導員，請代為做保證人。

9月3日

晚與壽昌學習王雲五之四角號碼檢字法，興趣甚濃。

9月4日

閱西京日報，知第四團同學在西北國防線上的英勇搏鬥，感覺無限的快慰，同時增強了自己熱熾如火與熱，做了老哥，豈有比不上老弟的道理，我是這樣深深的自信和自勵！！散步在「政治部路」，剛恰老百姓今天有了花生賣，三個人每人吃貳角，二十個花生米不多也不少，平均是一分錢一顆花生米！！伙食是相當的差，我這樣的想，吃了花生米也許可以「加些油」吧！月亮是格外的光明，顯得特別可愛，何況是「月亮」，

最富有詩意，更含有說不出的意境，這樣，驅使我們向
「托腰樹」推進，在草地上為「賞月」、「嘆月」而坐
下了！！老劉「舉頭望明月，低頭思故鄉」該是怎樣的
深刻呀，今天是領略到了！老陳「行萬里路，勝讀萬卷
書」，的確一點不差，否則我們怎能在今天領略唐詩的
偉大呀！談話的方向是轉向國際而理論而主義的中心，
「民生哲學」，大家是熱烈和興奮。接著，老陳請大家
吃了麵條兒，我的一碗特別是沒有辣子呀！士龍囑寫一
稿，苦無思語與擬筆之時也。

9月5日

　　美日又在開始談判了，這是證明國際關係的建立，
完全建築自己國家民族的利益上，不然以今日民主陣線
的這裡光明，那裡還有和強盜再行談判的餘地。這是給
我們「自力更生」注下了最有力的理論生存靠助。

9月6日

　　關於公私生活檢討會的意義──「生活」
　　生活是隨著社會的進化、時代潮流的前進，作不斷
的蛻變和不斷的改善，因此，也只有能適應社會進化與
時代潮流生活的人類，才能生存在今日的世界，否則像
智識未開、文化落後、生活簡單的土人或苗■，祗有
受社會進化的摒棄，在時代前進的途程中做落伍的代表
者、犧牲者。所以，高瞻遠矚和深切認明社會進化與時
代潮流趨向的先總理，為了要挽救我民族的危亡，在提
倡革命之始，就是拿心理建設來驚醒我們不可再迷惑于

「知易行難」的謬論，陷生活於落伍、保守、清談、空疏、迂闊，而首先建立了我們生活應循的最高理則，指示了我們生活應向「知難行易」的正理指引下，向積極、前進、實踐、踏實、力行的大道邁進。到了今天，賢明的領袖更沉痛指示了我們的生活，如果再陷於遲鈍、汙穢、散漫、虛偽、懶隋、推諉，甚至驕矜、貪汙、怯懦、苟且偷安，那國家民族就祗有滅亡的一途。黃帝的子孫，也就祗有「坐以待斃」等待做時代落伍者、犧牲者、淘汰者。否則，就祗有實行生活的改革，抱著自強不息的精神，往生活上求「日新又新」，砥礪「力行」的風氣，大家向積極創造、奮發向上、自動、自覺、負責的方向努力，培養一種新的生活，也就是適應社會進化求生存的生活。

9 月 7 日

　　抱大了最大的決心，叫第四科做人事附件架，動了工還沒有做成目標。昨日的調整辦公室，也遭遇了許多的反對，極不滿，儘管你是站立在工作的立場或整個局面的打算，但有人是會因「自私自利」而來反對你的，社會是這樣的汙穢，的確要「振之以清」，方可有救也。允諾士龍的稿，始終寫不出來，自己寫了看了太差，真生氣極了。努力吧，有了好的機會不能把握前進，你還有什麼用呢？

9 月 8 日

　　近日來因為工作緊張，工作不易按心中的計劃與預

定做去，故興趣方面，甚感苦悶，不能從工作中求得愉快也。伙食最近一落千丈，簡直連油也沒有，吃了二碗飯便是，光打光，菜也吃完了，陳、劉主張加菜每月六元，但窮光蛋們似乎勉強。

9月9日

文薰的信是應該覆了，但忙的還沒有覆，想到他開得打牌，和我忙的吃不消，若是天遠地隔，老吳實在幸運，閒而有錢不能用功，則有些冤枉呢！人事附件經過擴充後，又忙了壹天整理。精神是不大痛快，思家甚切，來黔後已先後航寄三函返家，迄無一音回答，念之殊甚！身體又形消瘦，此乃精神不足、伙食欠佳、營養不良、工作加重故也。

9月10日

昨晚老鼠把卡片咬毀了一部份標記，因此我就費了半天整理，同時更引起我整理與調整標記的決心，結果是因被破壞而得建設了！終日忙的時候，就有愈忙越想讀書的念頭，不知閒時是否愈閒愈不想讀書！一笑！！

9月11日

心頗不定，潦草家秉壹通，托文兄由滬轉寄！天陰雨，殊悶人，思家之心念切，壽昌家中時來信，余則來黔得無一信來，郵誤抑交通受阻乎！桐亦久無來信矣。

9月12日

久雨放晴，倍覺陽光可愛，心神為之暢舒。午後，赴山後三八軍郵局發家信，附寄於文元信中，公路上久未散步，今日已見兩旁稻已刈矣。傍晚，與壽昌談前途事業路線，彼決志於實業，俾兼顧家庭，余則亦思從商業上發展為佳，俾家庭可以照拂，造福鄉里為實際也。否則，如今日之本部督察員輩，飽食終日，無補於國家與個人，徒托「上校」高位，又何益哉？

9月13日

中山室借了一本「民生主義論戰的總清算」，迄今將近一月，延了一次期，又是第二次過期未還，結果勉強閱了一篇，仍是毫無任何心得。忙是好的，但僅忙了做事，再沒有時間來充實和進修，的確也是嚴重的問題，謹摘中心如下：

中山先生的進化思想：

（1）分進化的歷程為物質、物種、人類三時期，而進化原則不同，物種以競爭為原則，人類則以互助為原則。

（2）人性的表現為互助，獸性表現為鬥爭，正和赫胥黎說「自然界的進化有宇宙過程和倫理過程，宇宙過程祇是那苛酷的生存競爭，倫理過程乃長時期進化之間在人類社會所表現的道德生活，由探究人類社會進化的階級看來，倫理過程有漸漸壓倒宇宙過程而代之的趨勢」的人性論論點相符。

（3）將人類進化分為不知而行、行而後知、知而後
　　行三時期，不知而行時期，人類的一切行為，
　　都是盲目的，當然意識有受社會存在影響的可
　　能，但到了行而後知，人類自覺的意識就加
　　強，直到現在是科學昌明之世，必先求知而始
　　敢從事推行，於是受社會存在所影響的意識，
　　便轉而指導人類的社會的存在了。

創進原理：

（1）社會協力說，辯證法的質量律對於一種事物
　　之質的轉變，認為完全由於量的增加，但中
　　山先生以社會萬人的協力駁斥馬克斯盈餘價
　　值觀點，看來一個社會制度之是否健全，或
　　能否轉變為新的社會制度，要看社會組織內
　　分子的共同協力如何，和量的增加，並無必
　　然的關係。他說：「工業之發展不單靠生產
　　的資本，也要靠消費的社會」，就是社會協
　　力說原理。

（2）加速發展說，心理建設中說：「近代文明進
　　步，以日加速，最後的一百年，已勝於以前
　　之千年，而最後之十年，又勝於已往之百
　　年，如此遞推，太平之世，當不在遠」。加
　　速度的原理，是物理學上的法則，物體降
　　落，愈向下墜，需時愈短，適如社會進化之
　　階段，由漁獵時代、游牧時代、農業時代、
　　手工業時代、機器工業時代，愈在前的階
　　段，時期愈長，反之，愈在後的階段，時期

愈短。

(3) 迎頭趕上說，他說：「不知天下之事，其為
破天荒者則然耳，若世間已有其事，且行之
已收大效者，則我可取法而後來居上也」。
「試觀中國向未有火車，近日始興建，皆取
最新之式者，若照彼之意，則中國今日為火
車萌芽時代，當用英美數十年前之舊物，至
最終結果，乃可用今日之新式火車，方合進
化之秩序也。世上有如是之理乎，人間有如
是之愚乎」。「有謂各國由野蠻而專制，由
專制而君主立憲，由君主立憲而共和，秩序
井然，斷難躐等，中國亦祇可為君主立憲，
不能躐等為共和，此說實大謬」。

資本主義的本質：

(1) 大規模的機器生產與科學智識，

(2) 相伴產生的民主政治，

(3) 自由競爭與無政府狀態的產生，

(4) 加強財產的私有制。

客觀上發展的資本主義：

(1) 本質是個人主義的，

(2) 以賺錢為目的，為交換而生產，

(3) 無政府狀態的自由競爭，

(4) 絕對保護私有制度，

(5) 無統籌的全盤計劃，

(6) 政權屬於資產階級，

(7) 對弱小的國家與民族實行侵略，

（8）增強的財富不合於民生的正常需要。

民生主義：

（1）本質是全民共享的，

（2）以養民為目的，為消費而生產，

（3）大多數人的經濟利益相調和，

（4）以民生政策發展國家資本，逐漸否定私有制，

（5）有計劃的從事建設，

（6）政權屬於全民的，

（7）促進國際間之共存共榮，

（8）增加的財富合於民生的正常需要。

9月14日

　　本部實行秋收助割運動，每日抽調三分之一之員兵出動協助，今日第一天開始，余代表第一科參加，與同事一人、兵一人為一小組，適助附近農家刈稻，此尚為余生平第一次之割稻學習，興趣甚濃，但因稻穗亂雜倒差，初割頗為不易，且時為刮臉與臂也。回憶今春於恩施特團時，在叭叭店為農家插秧，曾幾何時，又為秋收矣，感時光之一去不返，馬齒徒增，無限感喟！睹此稻因受天時之不利、雨水不調，默審其收成，恐不及蘇鄉之三分之二也。川人■農，靠天吃飯，不加人工改造，實宜急加改良也。觸景生情，又不知吾家之年成如何？懸恆不置！！午後與劉科員典暢遊山郊，藉暢心胸也。

9月15日

　　紀念週上主席說有許多時不能自動的持久的去做，

我們很慚愧。因此我在這寫日記的時候，檢查最近的生活，實在太不行了，除了應付忙的公務外，連日課都沒有實行，內心殊疚疚不安，貽乎！宜奮起！宜奮起！！

9 月 16 日

下午，精神困倦，頭微暈眩，繼即睡眠，直至晚飯始起，以久未接讀家信及桐哥來信為念，時為恆思不已！接育興信，知特團情形！

9 月 17 日

大約是稍有些「感冒」的原因，所以鼻涕是清水般要流。盼著來信，也就時常注意到外收發處的有無信來！果然發現了！心中是喜歡地拆閱，桐哥是一月左右沒有來信了，今天來信，知道他已轉變工作的路線，現在任職於昆市的華新運輸行了！偉姊也去昆了，所以去信遭到了退回，下午給他了一封回信，心中也似舒服了些。

9 月 18 日

午後為準備晚間參觀晚會起見，即行午睡，那知不到未時，寒熱大作，暈迷不醒，直到下午五時當可清醒，頭腦漲痛異常，旋由陳壽昌給我吃「救濟水」壹瓶，雖稍好，但不久竟不嘔大吐，今日所吃，盡行嘔盡，連嘔五次以上，苦水也嘔出。延至十二時許，他們參加晚會返部，尚未見愈，無奈起床散步，靜坐以作鎮嘔，又時許始稍愈，勉強而睡之，本日發熱嘔吐，吃霍

至鉅，全體疲勞不堪，腦筋更為糊塗，痛苦不已！！

9 月 19 日

原擬吃奎寧丸，因尚未領得，故清早未吃，後領得
十五粒，亦因開水不易吃下，而所煮稀飯則苦不堪下
口，不易過下，12 時始今日恐不易再來，乃未吃之。
終日暈眩，辦公不得，睡眠不得，殊為痛也。

9 月 20 日

清晨，早飯吃奎寧半個，午時，吃稀飯又吃三個，
結果，使他沒有再來，心中稍安，精神亦稍恢復，微擇
輕便工作應付。晚，壽昌竟亦來瘧疾，可惡之極，殊為
侵人不已矣。晚，夢龍於水池之中，可怪！

9 月 21 日

精神漸復，下午，為舒暢心胸計，與劉科員等至涼
水井一遊，此余第一次也。過幹訓團即抵，僅六、七里
而已。到陳道明處三營一玩，旋即返部。經此一行，雖
覺疲勞，然精神反得振奮，提高許多也。飯亦由中午
之半碗增為晚飯二碗矣，口味亦轉佳。據謠傳，長沙危
急甚慮，此為重鎮也。湘北又為產米之區，值此秋收之
時，本戰區之米糧，又待彼區採購，一旦有失，寧非影
響本戰區之軍食乎！前衛日報於「九一八」發刊，急待
改進之處頗多！困難之點，尚希設法多方排除為盼！

9 月 22 日

紀念週，柳主任報告視察經過及長沙方面戰況，近日傳言關於長沙戰況與美日談判者甚熾，國際與國內戰局，現已皆遇緊張時期也。今日精神恢復，得照常辦公矣。赴民家炮「栗子」吃，味可矣。

9 月 23 日

病癒後，精神萎頓，辦公亦無興趣，伙食又差，吃飯好似吃藥。

9 月 24 日

日來部內外環境沉默，一為美日談判之黯淡進行，尚未分曉；二為湘北局勢吃緊，雖有轉機，但尚未穩定；三為部內同人感覺氣候突變，精神不快，患瘧者有之，而風傳之增薪，迄無實現希望，窮酸氣實在熬得要命。我也敷衍表面工作而已！

9 月 25 日

本部一科同仁丁科員巨任，為家中突來噩音，良妻及愛子亡故，悲慟而哭，無以慰之！此乃情之奔放，淚所必流也。

9 月 26 日

晚，與光耀、文思等六人赴民家吃炒栗子，計每元為壹斤，味可口，藉消精神之沉寂也。近日不思讀書，工作亦欠興趣，自己也覺得太差了！

9月27日

上午，將公事整理清了，並整理內務，由主任實行檢查！下午，在寢室修補洋襪，自己縫底與做上，結果完成了一隻。這種自己縫補的能力，給抗戰學會了一些，也可做沒有娶妻前的補救辦法！梯了頭，精神好了許多，預備有機會上黔江拍一照，方才償我願望！閒談起「字」，實在太重要了，我始終不能學習，可畏！

9月28日

上午，本部舉行第三次公私生活檢討會，於郊外山巔舉行，主任以下同仁皆出席之，繼續自我介紹，大部同仁之出身，皆自艱苦中奮鬥而來，可知唯有刻苦自勵、勵精自奮方能稍有收穫。下午，赴本部前衛日報社參觀，該社為新創，一切設備等尚未十分完備。然在此種困難之條件下，已能發行日報及印刷書籍，尚稱良好。敖同學雲青邀晚餐，至七時許返部，與董君淮同學談及家庭問題，頗有所得與所感，而思家之念，更為縈迴腦際，抑以家中弟妹處境為慮，心切念良深！

9月29日

舉行總理紀念週，周主任奉召已隨司令長官赴前線，由魯副主任主席，即席報告對於公私生活檢討之意見：

　　（1）同志間自我介紹之出身，泰半皆從艱苦之環境中奮鬥而來，由此知多一分奮鬥，必可多一分成功，今後又因愛護與發揚過去光榮之歷史，

繼續奮鬥而努力之。

（2）有同志感覺沒有成就或希望，其實，在今日國
家沒有整個有出路之前，任何個人之出路，皆
為空虛，否則，僅圖出路，而謀享福，此乃苟
安而已，不可謂之出路也。

（3）有人謂做事重要，做人容易，僅「誠」足矣，
然「誠」字究有幾人能做到，可謂大半人皆不
能誠以待人與處事也。青年又貴坦白真誠，不
求虛飾粉裝可也。

續報告國內戰局，略謂：

（1）長沙我軍於二十七日下午五時退出，略有不利
於戰局也，本戰區則已準備出擊，長官日內即
赴前方也。旋散會。

午後，書父親書及芸、穎等信各壹件，以釋思家之
苦也。

9 月 30 日

接偉姊自昆明萬鍾街 82 號來信，略謂桐哥在華新
行總務之職，月薪約三百元左右，可在行中膳宿，彼擬
赴交部國際無線電台工作，月薪約貳百元左右，生活則
稱佳境，祝三現任昆華農校職，在沙浪，僅距城卅華
里，每隔週可暢敘也。月姊由桐哥介紹與同學楊燕廷君
通信，彼現任貴陽師範國文教員云，月姊或有赴貴工作
工作之望也。二姪皆活潑、可愛，聞之快慰異常。剛在
上午書家稟和給桐哥信，午時又來了偉青信，於是又寫
了偉信，對於月姊事，表示贊同，對芸妹事，表示關

注，對於英華姊事，表白了許多真誠！今日是九月份的
最後一天呀！檢討一月來的努力，實在太不夠了。工作
表面是加重了，但工作的緊張，自己知道較八月份是差
了！而在日課方面，竟自九月十日起無形停頓了下來，
後來打了一次瘧疾，更形成了懶散呀！危險呀！大危險
了，常此以往，將何以見江東父老！！

10 月 1 日

　　湘北大捷的消息，不斷地傳播，長沙是我們穩如泰
山般守著，在這種日美判談都撲朔迷離的時候，自力更
生的打硬仗，往鐵的事實中來給友邦看看中華民族的骨
氣，以擊潰敵軍的捷報來振奮國民的自信心，實在是今
日最力的抗戰必勝的證明。因為本戰區也決心出擊，準
備一鼓勇氣，有計劃的攻略宜昌，據說，陳長官曾慷慨
的說，我們要在「十月五日」奪回宜昌，待著吧！勝利
的來臨，就在明朝！

10 月 2 日

　　消息時越來越好，敵人是必竟潰敗了。據本日的前
衛日報號外，敵軍北野師團長也被擊斃，已分三路向後
撤退，被我殲滅之敵約有五萬之眾，這都是鐵的證明。
抗戰到第五年代的新中國，是千真萬確的越戰越強，日
通消息，全國立刻將總反攻，敵閥的末，大約要到了！

10 月 3 日

　　本科二分校見習朱精誠同志，因此次見習期滿，留
本科服務，但因編制上本科業已超額，故科長擬給以副
官或書記之名義，留本科工作，但朱同志因受社會一般
歧視與輕視副官及書記之心理成見所蔽，堅不願以副
官或書記名義留部，經科長再三說明為暫時性質並曉以
大義，仍剛愎意氣用事。自科長室出後至辦公室後，才
發表不願就副官與書記名義的理由，至陳壽昌代為向科
長說項時，余面睹科長大為不悅，認朱同志為無禮貌云

云。科長且曾自述身任關麟徵之特務長，並不以此為恥也。如外國之軍事副官，盡為辦理教育之專家，今即為副官，而在一科辦事仍屬無損也，似此可知青年人太意氣用事，斤斤於名利之間，實是引起他人之不諒與厭惡，此所為驕氣宜誡也。長沙繼續大捷，欣慰殊甚。近日濕瘡有復發勢，可慮之甚！近自十月一日雷副官辦理伙食以來，突飛猛進，又此可知能力強者與弱者辦事功效之比較，實天地之遠矣。據云盧副官辦理伙食以來，突飛猛進，又此可知能力強者與弱者辦事功效之比較！實天地之遠矣。據云盧副官昔曾充縣長，為清白著稱，在年老又服務為副官也。

10月4日

本日本部之突擊人員由第三科張科長世愛率領出發，赴前方工作，以增強本戰出擊之力量，彼等為在司令長官指揮部工作云，同時亦為助主任之一切工作也。預料凱旋歸來，當可得無窮殺敵之忠實報導矣。士龍今行，與余互換軍毯壹條，為便利行軍計也，余允之，此義之宜也。今日古曆之十四日矣，浩月當空，說不盡的皎潔，舉頭望明月，能不低頭思鄉乎！

10月5日

「每逢佳節倍思親」，身陷萬里外之浪子，受盡流亡他鄉之苦，受之切而感之深也。右腳因濕氣腫痛，步履困難。下午，懶散躺於床上，默讀古文，悠然如見古人岸然之氣，亦苦中作樂之道也。傍晚加菜，為燉雞，

但口無味也。晚，舉行大晚會。

10 月 6 日

　　久聞大名的「法國的悲劇」，時常想著一閱為快，今日，我發現它在朱同志的桌上，就順手的拿著，看了裡面痛的溯敘著英法的倉卒應戰，如何的準備不充分，同時，沒有一個賢明的領袖能夠支持危局，而雷諾與達拉弟作著亡國的暗鬥，加速之覆亡，殊可痛矣！納粹的閃擊，埋克、飛機、大砲，那裡是肉彈的對手，更何況戰略上的錯誤與訓練上的愚絕！國民沒有組織，受戰爭恐懼動搖了戰心、鬥志，這實在是「死於安樂」的鐵證，那個可否認國民國防訓練的重要！財閥政客，他們是以私人的利益而妨害為國防的建設，他們都是國家之賊！！

10 月 7 日

　　右腳方才瘡算馬虎的好了，而左臉裡面的齒根又腫了，這些不時微症的侵襲，竟使我精神上十分的痛苦，難道我的身體這樣強壯，還不能抵抗病菌的侵襲嗎？呀！養尊處優的生活，實在可怕！不經風霜的打擊，就受不了風霜的侵襲，我們應從艱苦中去鍛鍊，增強自力，相反的檢討，自己無限感愧。今日是來部的第一次早操缺席，你為什麼沒有恆呢？日課表又到那裡去了？楊育興在特室不好好「幹」，很生氣，寫信給團指和他，好像是拙誠的呈露了吧！但希望他們能好！！

10月8日

　　閱前衛日報專論「現階段政工體制之檢討」一文，為本部副座魯宗敬所發表，以致力政工數十年奮鬥而出身黃埔二期之軍人，抑為今日政工之先進與長官，其為輿論之重視，不愧為讜論明矣。文中，以「喪失政工獨特之歷史使命與傳統之獨特精神與作風」為二論點，確切指出了目前今日之政工詬病之源，與夫新制之莫大弊端，令人讀之不勝慨嘆。設今政工日墮於軍隊附庸之途，則總裁期於政工為軍隊精神寄託者，將焉存乎！政工本身未能加強其機構、加強其人事、加強其指導，而徒斤斤於軍人與非軍人之身份，拒數十年政工幹部於非軍人之門外而不納，亂十餘年訓練之幹部以調訓之繁，以部隊副次官兼政工主官而紛政工系統，不特無增政工地位與保障，抑且使現有之政工人員，日久惶然求去！不知者，固無庸於中，野心者，固奢望於將來，而視之者，能不痛哭於今乎！！

10月9日

　　第二科李關敏同學請准長假，擬赴瀘州雲南省銀行分行服務，同學輩代為餞行，晚餐暢敘每民家，由林君鴻藻、李君向樸主持，調味頗佳，痛譚在團受訓之遭遇，能深受革命洗禮之偉大，與夫同學間今日之「親愛」精神，及夫論及將來戰團可能之社會地位、抗戰貢獻等等，相互奮勵之心愈堅，確認以數萬深受團長與副團長革命教育之青年，必能有偉大貢獻於新興之中華民國也。迄午夜十二時，始興盡而回適睡焉。

10 月 10 日

在長官部中山大禮堂舉行隆重雙十國慶紀念大會，郭參謀長懺為大會主席，先由主席指定黨政分會袁秘書長同疇報告「國慶意義」後，旋由郭氏報告「湘北會戰之經過與宜昌出擊之現勢」，頗為詳盡而慷慨，敘及我軍之壯烈奮戰精神，會場情緒為之緊張壯■，而湘北會戰之勝利，更以我陳長官之澈底奉行最高統帥命令出擊策應，襲敵後方，而收協同之效，使敵不得不放棄業已佔領之長沙也。此次出擊宜昌，部署周密，計有二十集團軍自江南渡江策進於荊、沙間，卅六集團軍（馮治安）出擊於當陽、宜昌間，二十六集團軍與江防軍則正面攻擊，以合圍之態勢，宜昌志在必得。自九月卅日拂曉攻擊迄今，當面頑敵計二師團之眾，已苦鬥共十晝夜矣。宜、荊附近據點，已盡行克復泰半。宜昌之青山寺業已攻佔，飄揚國旗，八日我敢死隊曾入城縱火一晝夜。且當面宣讀八日司令長官來電，詳述戰況，有絕對之優勢，預期今晨總攻，當能一舉而克宜城矣！下午三時，接前方電訊，我軍攻克宜昌，第二軍已開入城內清剿殘敵矣，此次出擊能如期收獲如此偉大之戰果，不愧我六戰區之「軍事第一」與長官之指揮若定抗日英雄也。

10 月 11 日

寫信桐哥和軼叔，報告本戰區宜昌大捷，心中愉快萬分。今日登記到好幾回政工人員的撤懲與獎懲，對於母團同學之成績欠佳，頗為憂杞與不滿！思有以改正

154　王貽蓀戰時日記（1941）
The Diaries of Wang Yi-sun, 1941

之。我政工人員對此次進擊，是否能與部隊同進退，可得鐵之證實矣！

10月12日

中國國民黨湖北省黨部舉行黨義論文競賽，我是在生命史上破天荒的勇氣地參加了，能在134人參加中佔一席，雖說是沒有成功，但我是非常自慰的。今日，寄來了一冊「總理遺教六講」，藉此紀念，我將捧此冊而作進一步的探討，求以後的更深地認識遺教！

10月13日

中午是吃「魚」，這傢伙已是四年沒有痛快淋漓地嘗味了！陳壽昌說：「今後，看到魚，不敢怎樣貴，或多或少都買就是了」。他的親思，似乎吃魚是無限舒快，能得了無限的安慰！因為今日的我們！沒有旁的慰藉，唯一的是希望每餐有較好的一個菜來自慰呀！同時，在沒有工作或不緊張的時候，就是吃栗子兒、花生兒的時候到了。從丁老奇起，這是我們最快樂的時候了！我可惜太窮了，每月薪金除部定伙食外，還要加菜伍元，外加理髮等等，僅餘十餘元零用而已，所以時常「吃白食」，雖然沒有關係，大家都很痛快，但自己■■■手頭緊而不同意呀！

10月14日

今日來了一位二十補訓處撤職的同學，要求派合作站工作，結果，查出了是已撤的人員，不能復用，真是

傷腦筋非常，同時，在前衛日報工作的敖雲青同學，亦
因與徐參謀不合，不能服務下去。這許多，都是不能給
人以為印象的地方，內心非常不願意去聽。俞吉麟究是
怕「死」，臨陣潛逃，真■■■！？

10 月 15 日

與經濟游擊指揮處五期 **x** 同學談，知陳述祖同學
在桂林去了，他們在社會部聽說還很好，但據告六期分
發政部同學，因為某同學的「倒亂」，自相攻擊，致引
起長官不滿，悉行以中尉派赴某戰區云，聞之頗為悵
悵！宜昌我軍已自十三日撤出，近日戰況沉寂，頗為憂
忱！望希全面反攻，能獲一偉大獲利也。

10 月 16 日

赴民家吃麵，五人隨意小吃，馬馬虎虎就是五元法
幣，僅每人麵與瓜子而已。生活費伍拾元，實在太苦
了，除了伙食外，供給娛情之小食尚不足用也！

10 月 17 日

日本近衛內閣倒台了！在此蘇聯莫斯科危在旦夕之
際，大約是想北進吧！否則，美日談判之謎揭開，或許
也會南進吧！給了桐哥、賢文、文元各一信，近希各方
來信，俾慰聊聊之悶也！

10 月 18 日

日本內閣由東條英機組閣了，相信今後日本的瘋

狂，必會跟著軍人內閣而加緊，說不定北進或南進，是
會提早爆發了。

10月19日

接軼叔來信，知家鄉近因清鄉後，已稍安，稍為釋
念，克誠據云仍在軍需學校求學，一年間斷了連絡，念
念！舉行擴大晚會，因天雨提早於下午二時演出，今晚
是抗演六隊首次登台，果然演來出色異常。

10月20日

特團周希俊同學來，團中情形，略為詳知矣，彼擬
他調，經勸說後，彼決心仍返團室工作矣。余意，在初
任工作時，不能安心工作，最易被人唾棄也。民鑠來
信，稱不願在建始工作，但合作站缺乏人員之際，不易
為調動也。

10月21日

晚與丁科員論習書法，決心致書桐哥，購帖選習，
因深覺現在之字太差也。寫際輝、育興、民鑠、桐哥信
各一，勉育興、民鑠稍忍耐現階段之工作，書桐哥信
時，附自傳壹份請刪改後寄還也。終日覺讀書太少，隨
處自己皆覺虛空也。

10月22日

工作緊張之中，抽暇赴中山室閱報，甚可提高精神
興趣也，大公報之社論確切中肯，盡宣心中欲言者與久

念應爾者出之，心神頗嚮往之！閱「讀書會」雜誌，有一篇名「隨處留心皆學問」，勵吾人自「自然中去留心」、「社會上去留心」、「人事上去留心」、「工作中去留心」，那麼活的學問，日積月累，必能一日貫通焉。錢基博氏論讀書要「讀四子書，同時讀通鑑」，因為這樣就可明理與證驗，從歷史中找真理而行也。本部將舉行乒乓、象棋、論文、演講四項競賽，余無擅長者可參加，私心甚愧之！屆時如能鼓其勇氣，參加一項，則亦余所願也。

10 月 23 日

晨操實在是最有益於身體的，但大家偏懶的做！副主任召林教官鴻藻，計劃實行改良早操，大約要行跑步和增加運動課目——木馬、跳高、遠、單槓等。

10 月 24 日

來了一個不好的消息說：「汽車在茅田附近翻車，有本部科員毛某殞命」。這樣沉重的空氣，立刻罩著整理空氣，使大家驚恐起來！真耶，非耶？疑惑著每一個同志的心裡，也許有人想「人生太空虛了」，有人想「死在翻車真可惜」。唉！我的心靈是被數度悲慘的「死」的印象恐懼後，的卻太同情於「死」者了！這是天性與遭遇特殊的造成，並非我怕鬼！更非我沒有膽大或英勇的犧牲心！

10月25日

　　下午是恢復了本部的第一次的小組討論會，題為
「如何發揚革命精神」，本小組的同志，發言頗少，大
多以無準備、沒有經驗、不會講話，要求主席允准放棄
發言權，這是好嚴重呀！發言是黨員的權利和義務，竟
在政工領導機關服務的本黨同志，還沒有運利基本權利
與義務之能力！我和向樸比較熱烈的發言，維持了會場
的空氣，張導民和羅念前二同志作指導，倒也貢獻了很
多好的意見。上午吃肉，一頓化七元錢，真貴極了！師
伋同學自特團請假返滇，想叫他給哥帶信。他在團沒有
和團指處好，我的研究，實在是由「青年人傲上的脾氣
造成」，這是好！但也是缺點啊！

10月26日

　　上午，天氣突然變的很冷，但因為衣服已穿的很
多，就不願再加了，但身體的抵抗的力量究是太差，微
微的漸漸發冷了，終於下午支持不住，也覺得天下雨實
在太無聊，好似精神無所寄託似的，就睡起懶覺來！愈
睡頭愈眩，下午晚飯勉強吃了半碗，到了晚間也是昏昏
的，這樣，身體太差了，實在自己寒慄！

10月27日

〔無記載〕

10月28日

　　上午，舉行總理紀念週，魯副主任報告此次宜昌出

擊的使命，在策應湘北已達成使命，同時，英勇出擊已
完成表現我反攻力量的表現，宜昌之不守，乃戰略之棄
也，否則，我軍如進復襄河防線，則守宜昌亦可也。此
次主任親赴前方指導作戰，與策動政工協助作戰，備著
辛勞，而此次本部三科毛同志因前方返部於茅田覆車殞
命，又為深悼。毛同志為國犧牲，殊亦壯烈，以後當善
為優恤，以慰死者及家屬。會後，舉行第三區黨部執行
委員就職宣誓，今後本部黨務當能展開新姿態矣。下午
一時，區黨部發起之象棋比賽於秘書室出賽，本組丁科
員巨任得複賽權，陳科員壽昌遇勁敵不利。聞姚士龍亦
受微傷，念甚！

10 月 29 日

於秘書室董君淮處參加會敘，由林鴻藻親煮鴨子和
炒肉，同時藉表為師倪同學回滇之宴也。事前與毛鳳樓
同學談，同學間之「不安心工作」問題，俱有同感，咸
認許多同學太無認識與社會見聞，而自則不量力而謀意
外之地位或級職，或則傲上無禮，致引起各方之不能諒
解，實堪痛心！同時，向部中同學請求協助，捨之則殊
似不情，挈之則勢非其所宜，且有損部方同學之地位，
與各方之觀看，故內心中實大有不可告此等同學之苦，
特團同學，屢函勸導從工作上努力而不獲，頗為疚疚。
彭團指於經濟上不能公開，或其因乎！

10 月 30 日

為周希俊同學事，誠懇寫信勸其安心於現職並代致

書彭團指疏通，示壽昌、鴻藻、君淮皆同意也，但今日
來信鴻藻，似已決志離該室矣，但此信仍擬以軍快寄
出。得際輝兄之來函，詳述特室情形，以行將脫離升學
者之立場闡述，實以余兄相若也。晚，於操場某民家吃
麵，作哲學之討論，興熱烈萬分，而壽昌又甚。近日部
中朝氣蓬勃，運動活躍。下午一時，本部與抗演六隊比
賽排球，以三對〇，本部敗北。

10月31日

　　希俊調換環境，是意外地在合作站方面成功了，這
是他們在下面寫報告請求的力量，也是向樸協助的力
量，我很希他能在合作站有成績幹一下！接子貞來信，
知長沙會戰時，敵人即利用漢奸唐生明等為司令官，且
兵卒亦多湘屬者。嗚呼，三湘素以義風著於世，有此現
象，能不感傷乎！幸委座坐鎮南嶽，卒挽頹勢，亦幸
矣。生活程度日高，明日起（十一月一日）郵資將遞增
倍矣。閱亞洲內幕，僅中國部份也，知當今中國要人八
人中，「蔣委員長」、「孔祥熙」、「宋子文」、「孫
夫人」、「蔣夫人」、「張學良」，其中有五人已屬蔣
氏領導，而論及繼承蔣氏最有聲望的，他說陳誠氏是他
的政治繼承人，和白崇禧氏是他軍事繼承人一樣！
　　亞洲內幕中之摘要：中國最需要的是什麼？
　　1. 有氣節的人物。
　　2. 發展工業，改革土地問題以增加財富。
　　3. 誠實，打倒揩油和面子。
　　4. 更多的技術人才，更多的工程人才。

5. 剷除糊塗主義、失敗主義、消極主義。

6. 重砲。

7. 更多的蔣介石、宋子文一流人物。

8. 打倒日本。

所引用的蔣委員長的話：「平時多流汗，戰時少流血」。「端納說：你要做的事情，是槍斃中國的一切壞蛋和漢奸。他說：『可惜沒有這許多子彈』」。「除非我們自滅，沒有一個國家可以滅我們」。「你是什麼人？是我的部下呢？還是我的敵人？如果是我的部屬，便應服從我的命令，如果是我的敵人，那就可立刻殺我。你應在兩者之間擇一行之，不必再多講，我不願意聽你的話」。「我如堅決不移，寧願犧牲我的性命，而不願妥協我的主義，那我的大節便能保全，我的精神亦將永存」。

華諺：「逼人過甚，菩薩怒眉」、「騎虎容易下虎難……龍困淺水遭蝦欺」。

法諺：「猛虎負隅，攻急自衛」。

11月1日

赴君淮家玩，略談做人做事之道，提及本部同學本
身之健康問題，余認應加強無形之風氣，策勵前進，深
覺同學中頗少前進奮發氣象也。對於本身職務，又應厥
盡責職，爭取直接長官之信任，對於活動方面，最近之
小組討論及區黨部發起之各種競賽，亦應熱烈參加以博
得一般之佳評，君淮頗表同意。

11月2日

本桌同仁原為集中知己者共餐，並略加私菜，但因
大廚房太差，另二位擬加入甲種伙食，故即行解散。伙
食近因物價昂貴，已漸辦漸差矣。但以本部同仁生活費
之低薄，則念元以上之價，已屬甚昂也。近少數司書
等，以價高菜差，皆已改食士兵伙食，可謂生活刻苦
矣。鴻藻亦因經濟拮据，擬參加士兵伙食，余堅不贊
成，夫以革命之精神，如共工作，尚欲不得一飽，實於
整個社會畸形中，余等太苦矣。按近來工人之月得收
入，通常百元以上者已屬尋常也。三八軍郵局招一工
役，即以六十元而供膳招募也。壽昌自城返，述及三人
吃飯一次，費洋念元，早飯零食，則洋伍元左右，誠足
驚人。望銀行中之辦事員等，仍在店中大吃大渴也。拍
照二張，小至二寸，定價欲洋念元，則仍惡劣不堪，故
壽昌決心拍照而中止，余待之久矣，但將摧毀余之理想
矣。今日金錢與二張皆不足余之需也，奈何！！

11 月 3 日

本科新到周綱同志，係母團先期同學，所負任務，亦為與余同為登記的工作，由余交彙報與分類登記也。近見附近某株桃樹，忽開桃花，誠屬奇事。

11 月 4 日

余為預備參加演講競賽，近日略閱有關政訓書籍，但演講一事，余平生尚未公開參加或表演，頗覺事有難於應付者，但本科以無人參加競賽，強余參加，實覺不得不參加也。天下事皆強而行之，余將勉力赴之，今日決心擬就演講稿，以明日開始練習之用也。

11 月 5 日

接偉青姊自昆明來信，知近況尚佳，桐蓀哥則事務頗為忙碌也，附寄鎮平、鎮南照片合一張攝者，甚為活潑可愛。來信述及據芸妹八月信告，祝店遭游擊隊搶劫，損失至鉅，甚為心痛，父親近年心血，又付東流，老人家何遭遇之苦也。述及父親很瘦，讀至此，余熱淚潛潛然下矣。午飯不能下嚥，返寢室暗流熱淚者時許，余之心將碎矣！又何余遭逢人生不幸之甚也，天將降大任與余乎！余將從血淚中發奮也，心殊不安，敬上書父親慰之。倭寇不滅，家將何歸。惟冀全國戮力，早日求勝利之降臨也。

11 月 6 日

姚士龍同學自前方歸來，此次備歷艱危，返黔途中

且二次遭覆車之險，幸均免於遇外，殊屬幸甚，「大難之後，必有厚福」，姚君殊可慶也。貽蓀與姚同學甘苦與共者二年於茲矣，茲邀同學等十餘人渴酒吃麵，暢飲於本科辦公室，並請三科邱科員憲章先生參加焉。席間備述前方作戰情形及由巴東返施途中先後覆車情形，於首次覆車時，本部三科毛同志夢覺不幸殞命，殊可痛也。毛同志為人服務熱誠，秉性耿直，負責任為特興之優點也，又善音樂，為本部一活躍之青年，一旦為國因公殞命，非逮為本部失一忠良同志痛，抑且為國家失一忠實幹部惜也。聞部方除請恤外，並將加於特恤以慰養其家屬，且行追悼會以紀念毛同志之精神焉。

11月7日

發上海家中航快、昆明桐哥、渝軼卿、長沙國萱信各一件。演講稿「政工人員的修養」脫稿，赴操場練習，余因平生並無參加任何演講一次，動作、言詞，殊覺措辭困難，但思胡適因善演講與從演講上努力，獲益匪淺，加之，余言語欠佳，又可改良，故仍抱勇氣練習也。

11月8日

上午，登記各師工作人員考核之報告，發現凡工作努力之政工人員，泰半為新任人員，抑或資級相稱人員，由此，欲使工作優良，必得安定的工作環境促成也。反之，工作成績較劣者，盡係資歷較深，而現級低下者，或原在師政任科員或團室幹事，今一旦調任連

任，咸皆不安於現職，故成績皆差也。是故，知人事之安定與否，決定政工之展開至鉅也。舉行小組會議，討論動盪中的日本政局，以東條內閣是否北進、南進抑西進為中心，余認暫時國際形勢，日本之北進，或仍須稍待，一般則認日本即將北進也。

11 月 9 日

照例，今天應該是天氣放晴，給久悶在房子裡的人們，透一口輕快的氣，到田野裡山谷中散散步，使精神上愉快些才對。可是，老天是最會欺可憐人們的，相反細雨滴滴，下了整天兒不停，簡直惱人生氣和悶！「亞洲內幕」是被迫著看完了，也許增強了我對亞洲的認識、常識的認識！！

11 月 10 日

我發現自己是太性「弱」了，以前的「固執」到那裡去了！人家給我一個「大姑孃」的綽號，也會無形中的承認了！這樣下去會毀滅個性的堅強呀！擺龍門陣問此方向發展是太危險了！看到了胡林翼的軍政語錄，他是一個「可謂專能打破環境，而不受環境征服之健者也」。今日青年，動則言環境惡劣，受環境阻撓，未知對胡公將作何感乎！

11 月 11 日

晚，赴托腰樹散步，便中候迎紀綱同學自黔返部看劇，至光自連部休息，旋天黑許久，始聞聲知經過，邀

之入，略問黔江近況，生活程度日來高漲倍許，又悉本科前調四科辦理伙食之司書吳普楊，竟在黔賭博，此所以伙食辦裡每況愈下者，明矣。青年人為事如此，殊痛！！

11月12日

　　上午，七時左右，在長官部紀念堂舉禮誕辰紀念大會，司令長官出席訓話，略謂紀念國父，要做到「誠」、「公」兩個字，要做「革命」的信徒，就要認清「革命」與「不革命」的界限，站在革命的立場，摧毀一切阻礙革命的反革命勢力、敵寇、奸偽、土豪、劣紳、奸商。繼報告「襄西攻勢作戰之經過及感想」，約謂，此次成功，應為一年來大家苦幹之成績，沒有落空，申述軍民合作抗戰之英勇壯烈，及奉令轉進原陣地之經過，有民眾獻船六艘，進攻宜昌，安返者僅四，後續徵航念艘，而民眾爭相獻者，竟廿六艘，殊可敬注，並謂，備為各方慰勞及統帥嘉許。檢討戰役經過，則謂統帥部戰略成功，而各級戰鬥則缺點殊多，痛述游擊戰之無用，僅為「小偷」之戰鬥耳。今後訓練重心，應注重「攻堅」及射擊、手榴彈、刺刀、陣內戰，利用地形等要點才對。晚，抗演六隊出演煙葦港名劇，頗精采恰到好處，澄人周靜演金回姑娘亦佳。練習演講，殊無把握，內心感痛苦殊甚！奈何！！寧失敗可也。

11月13日

〔無記載〕

11 月 14 日

下午一時，參加本部區黨部演講競賽，題為「政工人員的修養問題」，余鼓作勇氣作平生第一次之嘗試，結果，個人雖感滿意，但決賽則以次一名而落選，其缺點之最大者，厥為：

（一）蘇音之不能改換，讀音欠普通；

（二）感情過分緊張，衝動不能自制；

（三）姿態欠嚴整，手勢又欠重複上下，今後可勿用之；

（四）不能沉著，演講大快，且有遺漏講意者。

總之，此次參加在個人實無遺憾，今後之繼續努力，當由今日的自信而增強矣。同學董君淮、李向樸皆中選，李得首名，又佳，同學三名參加而或此成績，甚滿意。

11 月 15 日

下午，王文範自一一八師來部，為開拔秀山而途經也。談及該師為赴沅、常一帶解決異動之八二師，心殊痛，國家之至，軍人報國，義不容辭，尚有何個人之地位與私利計較乎。八二師為一師長更迭，竟不顧大局，劇作異動，耗國軍對外之實力，解決國軍之昔日胞澤，痛也莫如！！為鼓勵文範在師政部努力，多方策勵，據彼報告，在師亦工作順利推動，且博各級好評，愉甚。今晚，共睡於壽昌鋪上。得鄒國鈞信，彼擬來部政工大隊服務，成功否尚待也！鄒乃廿八年戰通之共苦共患與同鄉也。

11月16日

清晨，檢查內務的原因，科長叫我們整理內務，但陳壽昌則因被老百姓遺失制服故，似甚牢騷，偶因手帕事，遷火於我，一念之間，將幾「打架」，幸自制尚速，忍而耐之。然快快者不釋，至辦公室辦公，亦心意顛倒，不知如何是好，若有心事者然。旋得自蘇家中來諭，此乃今年之第二次接奉家書也，心中驚喜，返室讀之，而心中則怵惕而跳也。詳知家中今年意外頗多，又以父親頻遭敵偽誣傷為最痛。來諭云：「今年於古曆三月十八日在錫被搞竹槓損失三、四百元，於閏六月初八被誣損失最大，今春於店對面所建新屋被毀，並拘去吃官司二天，即放出，然損失連貨物、房屋約在五、六千元。於今月初日清鄉隊到祝，又被誣拘去三、四天，保出而身體則大受其傷矣。十二日到家，寸步不能行，右足至今尚未復原，右手亦然。故於十二日接來函，至今又接來函，始覆汝也」云。讀之心痛欲裂，為了深念者，余精神已飛返蘇家矣。附來大人照片壹幀，形容顯已蒼老矣，穎弟照片一張及雪卿函與照片一時，另附雪卿致壽昌信及照片各壹。閱完，痛淪陷區之非人生活，亡國奴之痛之甚，余不知將何以發奮拯救我國家也，家人也！欠公平！奮鬥！復仇！

11月17日

昨天，鄒國鈞來部，欲請調政工隊或他部服務，余力勉暫時苦幹，容緩商之，彼雖善話劇，然能力與根基似欠強也。能調政工隊服務，雖亦吾所願，但亦有所考

慮也。午後，隨李、董等赴百福頭遊頗暢，行日光浴，
並由董、李練習講演，進步頗速，競賽當可勝利也。今
天，舉行紀念週時，由副主任訓話，旋演講競賽，李仍
佳，可獲冠軍，董則三名有希望也。晚揭曉，李竟冠
軍，董則落選，然此乃特殊原因使然，勉董不以選落為
懷，余等之能參加競賽，能有此成績，則可自勉矣。

11 月 18 日

接文俊先生自柳州來信，知已離通團至四戰區幹訓
團任中校政治教官，今則仍以不能維持生活為苦，擬
脫離而另謀商矣。今日開始整理「人事附事袋」，初
步完成五百個，宜昌作戰事務特忙，終日伏案矣。據
云，柳主任有出任鄂民廳消息，果真，則部中人事，
當有劇動矣。

11 月 19 日

近日來科務忙碌，宜昌戰後之故也。據董君淮同
學之估計，本部公文，本科約 30 ％、第 5 科 20 ％、指
導室 15 ％、民訓室 15 ％、4 科 10 ％、2 科 6 ％、3 科
4 ％。似此，本部業務之透視，則事務之本科與五、四
科竟佔全部公文之 60 ％，本部本身業務，除指導室 15 ％，
竟僅佔 25 ％，仍表現業務不克充分發展，而全部力量
貫注於事務之上也。

11 月 20 日

兩手瘡發，精神甚疲，終日伏案辦公，讀書時間已

毫無矣。本星期輪到讀書報告，尚未一閱也。新來周同學，係一期，但過去在部隊工作，不習公文之故，處處生手，甚不方便，足見公文處理，實有加緊練習之必要，此亦常識也。

11月21日

天氣驟寒，本部赴巴東領用之新棉軍服尚未領運來部，致同學中之無力備製棉衣者，咸感寒氣迫人，大有叫不得爸媽之慨。本部工作同志咸為熱血青年，為抗戰而奮鬥而刻苦，直至今日之忍飢耐寒，食則竟隨士兵伙食而共餐，衣則尚不得一飽，誠足感人深矣，幸希當局亦注意及之。

11月22日

舉行小組討論會，「提高服務精神」條並擔任總理遺教六講之第一講讀書報告，今日為廿六年的淪陷故鄉紀念日，無限悲憤，何日還我河山？！

11月23日

星期日，上午做完了欠賬，下午陪君淮至醫務所看病，患的是面龐左面腫紅，可憐衛生處一點兒藥都沒有，僅以碘酒擦塗，給以少許瀉藥搪塞，經公開坦白的請問醫官，究應用何藥治療，知最低用「流古」熱敷消腫，但他沒有了。最好用「排比膏」敷貼，但現在要四元一兩，此處早就沒有了，祗有向黔江私人醫院可賣。堂堂司令長官部之衛生處，藥料匱乏如此，抗

戰之艱苦誠可知矣。吾人舍減低享受，咬牙忍痛外，
尚有何言乎。

11 月 24 日

總理紀念週，柳主任出席報告宜昌攻勢經過及檢討
本部二月來之情形。首述宜昌攻勢作戰之三大意義：

（1）策應湘西，以挽危局；

（2）發動攻勢作戰，打擊敵人；

（3）相機收復宜昌，殲滅敵人。

而其效果亦有三：

（1）完成策應湘西作戰之使命，使敵人放棄既得之
　　　長沙，狼狽潰敗；

（2）攻勢作戰，效果優良，為抗戰今後樹立反攻之
　　　自信與決心；

（3）入宜昌而未完全佔領，未能全部殲滅襄河西岸
　　　敵人。

檢討我軍部隊之優劣：

（1）能完全在主動上攻擊敵人；

（2）士氣特別旺盛，協同作戰成功；

（3）犧牲精神壯烈，由能達成任務。

劣點則：

（1）戰鬥戰術落伍——不懂攻擊作戰，或無經驗
　　　應付；

（2）訓練不切實際——過去祇重形式，不合作戰
　　　應用，又忽攻勢作戰訓練，今後則取締游擊
　　　作戰；

（3）身體訓練太弱，防毒訓練毫無——既入宜昌，

　　　敵人放毒，犧牲甚大。

在政治方面之優劣：

（1）軍民切實合作，民眾幫助力量甚大；

（2）政工配合，亦屬有功；

（3）官兵忠勇亦屬政治上精神訓練之成功。

此次政工同志能與上級部隊長同進退同患難、共生死、共榮辱，出力甚大，且能代理指揮作戰，是故頗有傷亡，但已為政工改制新史上寫上光榮之一頁矣。

檢討本部情形，優點則：

（1）能安心工作（不為外界高薪誘惑而怠工）；

（2）研究精神高漲（精神寄託於求學）；

（3）提倡高尚娛樂（強身而有益品德）。

改進點：

（1）做事不能「切實」；

（2）辦事不能「迅速」；

（3）缺乏整個性的互助、連繫、合作。

最後，勉大家做事要：

（1）首先計劃——具體；

（2）然後執行——切實；

（3）最後考核——嚴明。

11月25日

王國萱同學自九戰區廿六軍政部來黔，此事先曾獲張專員之允諾也，談及湘西作戰，戰鬥力與紀律之差，實較本戰區已遠矣。詢知同學情形，則彼等迄今尚未實

授也。據云，政部奉總部密令，戰團同學不准實授也。中國人為中國努力，硬生生地還要受人排擠，真不知是何道理，如此而欲為人精神與思想之領導者，烏得乎？

11 月 26 日

國萱事得張專員之助力，派特務團連指，為中尉級，將來陳道明請假，則赴三營九連工作也。下月決定不參加官佐大伙食，另行參加四人組小伙食於民訓室了。

11 月 27 日

科長太太自沅抵此，從此本科多一太太矣。科長忙的很，請何大科員代拆代行。

11 月 28 日

上午，為了王國萱的事，沒有離職證件，又忙得要命，還是張專員肩膀大，擔任了下來，為大幫助，實在非常吃力。下午，倒霉的鞏蔚同志可憐地又來了，硬生生要我做保人，代向五科借薪捌拾元。結果，實在地位與團室方面都不可作保，沒有成為事實。此種愛莫能助，除自己竭盡心力可自安外，還是心中非常不安。最後，與君淮決定，商請紀綱同學代在黔江幫忙，叫他去黔了，人家窮途困苦，實在狼狽到極點了。晚飯時，談起此事，五科知道了，承認借他伍拾元，又請毛鳳樓打電話通知，整個的一下午和一晚，犧犧在此事，碰壁與挨罵是不知多次。唉！天下可憐，何其可憐！助人這又

何其難也！晚，代鴻藻修正致鎮長與保長函，兄弟四人，已有二人為國服務，一人服工，一人尚在力學讀書，保長尚強欲徵調僱工應徵，實在太沉痛！延至十二時始睡，轉輾不能成寐，念社會之混亂，是非之不分，不知吾人如何是好！

11月29日

為了大廚房的官佐伙食又貴又差，生活維持不易，決定參加自備菜疏而吃光飯的同志群了。為了早日鞏蔚事，要送五拾元進城，又無人去，祗好同君淮自己進城去，時候已晚，到了七時左右方抵黔城，又經過許多麻煩，請他具了借保和代他賣掉了一枝鋼筆，代替找了汽車，方算完了。「助人為快樂之本」，但助人實在太難了。一月多沒有洗浴，化了壹元洗一個浴，身上怪輕快呀！吃飯是窮光蛋沒福氣，吃麵是貳元陸角一碗三仙麵，真的乖乖！！紀綱處同學真多，一會兒就連到六、七個，招待和應付是不易，真佩服他熱情！！談起同學來，一部份怪難說毫不長進，互相妒忌。講到六期同學，毫無連絡，實在自己非常慚愧，能為革命而效忠，同志間的親愛精誠是■古的，為什麼沒有呢！！自己的學識能力很差，不能為同學協助，更是不安！！

11月30日

上午，決定了做上衣壹件，講定價錢是九元。昂貴的很！！第二要拍照寄回家裡父親，無論真貴也要拍呀！二寸是拾叁元貳張，結果是拍了柒元貳張的一寸照

片。假使拍的好，預備添印四張。穿了老百姓長衫拍照，是近年來的破天荒！！媽的！要回老家拍武裝照才雪恥！！科長要做鍋蓋貳個，木匠鋪以無時做推絕，還是六元免請做了呀！紀綱兄很客氣留吃飯，遲到了下午五時才返部，開足馬力抵部尚早。

12月1日

　　舉行紀念週，主任報告，七戰區由李煦寰代表領導慰勞團來本戰區宣慰，我們自愧之餘，還應競競的「戒慎恐懼」才對。他說我們能做到「苦」和「衷」二個字，很願意拿回去獻給廣東同胞。的確，苦幹、和衷共濟是我們的特色，我們要發揚才對。一個好消息，是明年起支實薪，尉官還有津貼拾元，士級則有四元，兵有三元，看吧！！

12月2日

　　自備菜疏的吃飯，已開始了貳天，根據預算與事實的實驗，的確比了公家辦理要便宜和味道好，大飯廳各桌皆已改組，僅剩四科自己有關一桌了，這年頭，總務是很難辦理，但第四科沒有盡力辦好，也是鐵的事實，何況少不了各級辦理的舞汙呢？原來預備四人的，意外加入三位，似乎有些問題了。儲文思老大哥年紀雖稍大，但血氣正剛，今天又與張科長導民爭吵了，這年頭為了報國還要受氣，固然不願，但事實……

12月3日

　　大約「熱火」的緣故吧，左臉內臼齒肉腫起，精神很是不愉快。近日來精神怪難受的，一面自覺空虛，能力薄弱，一面又覺經濟困難，看書也無心緒。

12月4日

　　今日會報的決定，是開始各科室領用火盆貳個，每

日公家供給炭共四斤。此次本部大鬧伙食革命，各案自由組合，自備菜疏，實驗的結果，的確比較經濟而可下飯些，總務的不易辦，在中國實在「揩油」無法對法。聽說會報的決定，仍舊要責成第四科辦理，准少尉每日菜洋五角，中尉洋六角，上尉捌角，少校每日壹元，中校則未定云，主任則每日貳元云。又聞科長菜有眷屬者，最低應在部半膳，藉實調劑伙食云。究竟如何辦法出現，待看分曉。

12 月 5 日

赴城所攝照片，近日由鍾紀綱同學代取帶回，因目的寄回江蘇家中，故係借民間長衫而照者，成績當可勉強，但自覺尚太清瘦耳。得國鈞條，知在黔城尚未赴連工作，此次欲請調政工大隊，事實上礙於年資與彼個人能力、學力，故雖代為說項，終未成事實也。然反觀分發九戰區之五期同學，今日尚僅少尉而已，則六期同學見習期滿，即行實授中尉，以政工環境言，可謂佳矣。覆條勉進修充實自己。

12 月 6 日

上午作家書，附寄照片壹張。齒痛，赴衛生處診視，知左排臼齒有病症。登記時，發現張某科員（師政部），家居湘洞庭畔，此次敵止，全家慘遭姦殺殆盡，慘矣。

12月7日

　　早餐，與林、董同赴河口場一遊，約二十里途程，抵鎮，訪軍民合作站指導員伍子羽同學，暢譚地方一切與軍民合作事業。余等赴河口場，第一為代伍同學設法冬衣壹套送去，第二為一遊河口場與馮家壩，第三為略採購菜蔬，第四則余欲考察軍民合作站情形，結果，皆完滿達成任務。河口場對岸即為馮家壩，中有川湘公路、「馮家壩大橋」壹座，正加緊趕築中。工程甚為偉大，設有造橋廠焉。此處機關林立，共有四十六個之多，最高即本戰區之湘穀轉運處也，該站由伍同學苦幹之效果，成效卓著，頗得地方好評。地方人士之信仰，遠超鎮公所矣，備受招待，代購菜蔬，心甚不安，太累同學矣。五時許返部，經特黨部中山小學，略一參觀之。接偉姊自昆來信，知越南與滇邊吃緊，生活亦高漲，並得讀父親手諭及芸妹信，芸妹云：「寧在外的人做乞丐，不要回到奴隸的淪陷區」，字裡之他們痛苦，字字使我酸痛淚下。父親迭遭意外，受敵偽摧殘，痛心殊甚，此仇此讎，將何報乎！！

12月8日

　　總理紀念週時，特黨部劉秘書先雲報告一年來業務情形，與黨政之關係及感想，甚為聞詳，增加黨政認識不少，主任又加闡發說明，實為切當實際，「革命工作者須追念先烈的締造艱苦史，而未來之光榮史，實在為今日革命同志應認識」者也。上午的消息，是美日今日開戰了，本部充滿著熱烈的情緒，每個露著勝利的笑

眠，聽著、談著美日開戰問題了。下午六時，余赴電務室聽廣播消息，知日本於今晨十一時回覆正式向英美宣戰矣，同時進兵泰國登陸，馬來半島登陸，圍攻關島，美則自阿拉斯加起飛五百架飛機，同時轟炸大阪與東京，迄廣播時，則東京尚在大火中也。我神聖抗戰，今已得英美之合作矣。今日之敵人，已為英美中共同之敵人，吾相以民主國共同之力量，必能從速摧毀倭寇也。抗戰勝利，近在目前矣。

12 月 9 日

我國正式對日本宣戰，同時對德義宣戰，美國亦經參眾兩院之通過，正式對日宣戰，英國則於九日十二時對日宣戰，日軍瘋狂之軍事行動，已在泰國登陸二師團，泰已無條件屈服，准允日軍開進曼谷矣。英軍自馬來退入泰境，業已與日軍開始激烈戰鬥矣。日機炸歐利島，美方損失甚重，並已開始進攻關島、菲列濱、馬尼刺、新加坡諸地矣。民主國行動遲慢，遭人閃擊，處處挨打。吾人雖成今日行動之堅決，但過去之一再失著，深為美國追悔也。

12 月 10 日

今日，美日開戰後之第三日，世界民主集團之友邦，已悉數對日宣戰矣。日本因戰略地位之優勢，稍佔上風。我則已準備行動，俾援助英美於軍事上之策應。擬卅年度工作檢討應行改進與缺點，同時，擬定卅一年度卡片資料部份的工作中心。

12月11日

今日，軸心夥伴之德、義、日已皆對英、美宣戰矣，且互訂協定，規定不得單獨與美媾和，共同建立新秩序與遵守三國協定的條約云。泰國已向日本屈服，訂立日泰攻守同盟，目前馬來亞與香港、馬尼剌方面海陸軍激戰中，英國威爾斯親王號被擊沉，為海軍重大之損失。英美方面已公開承認目前日軍之優勢，勉國人加強長期作戰之意志，俾爭取最後勝利云。蘇聯態度是否對日宣戰，現尚未表示也。

12月12日

今日，為總裁西安蒙難紀念日，在中國內亂史上創下了一個分野的鴻溝，因為，自此次事變後，中國是統一了，已奠定了復興的基礎，也是造成今日抗戰的肇始。向樸生日，在操場邊民家吃麵賀之。作桐哥、軼叔書各一。

12月13日

整天忙著工作，沒有時間來進修，自己覺得很沉悶。何況，日美開戰後，「黑星期」是夠人失望，尤其是美國的跪弱，會使中美同共的失望。

12月14日

下午和老林到山谷裡去散步，攜著壹元價買來的葡萄，吃著、談著，精神是愉快，不容易見到太陽，更使我們覺得可愛！！

　　回部時，老林被邀了，我也連帶地莫名其妙參加了。但這是夠有意思呀！十幾個戰睦效忠的青年，從戰團的搖藍熔製出來，今日歡聚一堂，他們表現出互助的親愛、忠誠的精誠，他們不分一二三四的數目，他們一夥兒都是戰時的青年，一條心服從團長的命令，為抗戰而英勇犧牲。他們都信仰三民主義的偉大，都崇敬青年導師——陳長官——的領導！！這，鐵的事實，貧苦的六戰區，現在已充滿了熱血的青年群，困苦不能阻止青年的熱情，艱苦不能使青年退卻，他們都踏上了前線，為英勇鬥爭而犧牲，——瞧吧！第六戰區此次負傷和陣亡中的政工人員，不是十二人中有八個是戰團出來的嗎？牠對祖國偉大的貢獻，誰能否認！！

12 月 15 日

　　舉行紀念週，張主任秘書報告日美戰爭之國際情形與我國之利害，精闢而獨到，使部中同仁增強國際認識和日美戰局的發展！！今日的報上，傳說關島已失守，蘇聯則態度模稜，真生氣！！為曹子餘虧欠公款事，商請同學代籌伍拾元，然同學中皆半透支甚巨，個人生活與名酬，苦不足維持之苦矣，壽昌稍寬，然家庭巨額接濟，已皆為同學借貸一空矣。余意由向樸籌念元，君淮、士龍與余各拾元之。此次自廣西 33 補訓處所來同學，因團中異黨事與直隊不睦，今由失言觸犯伯良等，致引起同學少數之不滿，後經先期同學數人解釋了事。余深知青年皆為純潔忠誠，雖不免學习之徒，究屬少數，此皆整個教育與領導之責，余不深為責也。與邱教

官談起日訓班同學，頗望彼等能展開工作，爭取主任之好感也。

12月16日

根據陳果夫先生五筆檢字法之編列，裝訂各單位工作人員照片備份冊壹本，所有備份照片，皆行黏存之。與向樸閱大公報，頗覺該報所載未論及文藝之佳，談及學習寫作，向樸勵我努力大膽為之。但自感時間太促，且無根基，不克以寫作也。充實自己，實為急務矣。

12月17日

此次自廣西 33 補訓處同學中，有二同學尚佳，科長與壽昌意擬留二名於本科，分別接替朱精誠與吳普揚職務。但有一同學，即為日前與伯良發生口角之軍官隊同學，故鴻藻似表不滿，後經向之解釋，並向君淮說明，蓋過去團中案事之錯誤，實不在同學之有十二分錯誤也，而在領導與負教育者之失卻善為領導之職耳。況「家歹不可外揚」，同在今日賢明長官領導之下，為國家效忠，又何彼此之分、怨仇之報也。下午，赴長官部合作社附設之餐堂，為本科何科員伯言赴中訓團黨政班受訓餞行，計到本科全體同仁十四名，處山地得此佳肴，可為難矣。

12月18日

晚，與伯良傾談，勉忍受一切家庭之艱苦，從目前本身上充實，則將來前途光明，那時家庭之一切問題，

當可迎刃而解，為目前計，當勗內人刻苦相輔事業之進
展，已則以無負相約，如此，則夫婦相敬，從困苦中更
形相愛也。

12 月 19 日

理髮。閱報，知總裁向各反侵略國建議之締結反侵
略公約，與訂立各反侵略國同盟事，已獲各反侵略國之
熱烈贊同。太平洋局勢，則勢已轉穩矣。

12 月 20 日

舉行小組討論，題為「工作競賽」之意義，此問題
雖為總裁所特別提倡之國民經濟建設運動中之重要一
環，但因宣傳之未能深入，雖本部同仁，亦皆一知半
解，不能全般瞭解「工作競賽」之意義，而認此為一進
步國家與社會於現代化之運動者，實在不得數人矣。本
部小組討論自再度熱烈提倡後，今已趨於降下■矣。今
日，指導員皆未出席，組員參加者亦少，僅憑余之綱
要，藉作報告而了事之。但余因準備小組討論故，今日
已充分準備，頗有心得搜集各方面資料，繕資料參考壹
份也。與劉邦金同學談話於郊外，解釋前次與伯良之誤
會，並勉安心工作，為同學間今後消解誤會之。劉同學
能力品行似佳，當能為本部同學增新力量也。

12 月 21 日

下午，整理襪子貳雙，此雖女紅，然值此戰爭時
期，背鄉離井，誰為縫補耶？經濟艱苦，又何從而新購

乎？晚，讀歐陽修「縱囚論」，本人情而立論，正言忠
心，誠可為今日輿論界之效也。否則，徒意氣之論，無
補於黨國者，值歐陽公而愧對矣。況公曰「道勝者，文
不難而自至」，吾深願國中之為文者，知所遵循焉。

12月22日

舉行總理紀念週，柳主任報告國際現勢，詳論自
十二月七日爆發後之日美戰爭於南太平洋之現勢，伸論
戰爭初期之英美必處於劣勢，而日本必獲初期優勢，乃
吾人意料之事，今後戰局關健，在英美如何增援南洋，
力保新加坡。同時，則北太平洋之發動突擊，蘇美之聯
合使用海參崴，而對日本本部與工業中心之突擊，亦
為解救目前南太平洋頹勢之唯一辦法。總之，在今日
鬥爭的時代中，吾人檢取教訓，今後反侵略各國之行
動，唯有：

（一）統一指揮、
（二）攻勢作戰、
（三）持久作戰、
（四）獨立作戰，

善為發揚民主國共同之力量，分配作戰任務，支
配資源之運用，以達有力出力、有錢出錢，爭取最後
勝利也。

12月23日

昨日，特別黨部搬來前游擊指揮部（經濟）址辦
公，邑同學徐道卿宿部儲文思床，儲則與余共睡之。上

午，何科員伯言為入中訓團第十八期黨政班受訓赴黔。
午後，練習排球，頗感興趣，意圖加緊學習之。近日錄
古文觀止所喜之精讀選，心中欲求充實國學基本也。

12 月 24 日

下午，舉行年終考績討論會，研究辦理及注意與處
置應行各點，發現各級單位所報之考績案，皆未能遵照
妥為辦理，可見一般處理公文之馬虎，事前並無詳加研
究法規。而本部指示之欠為詳盡，此時亦發現缺點矣。
討論中特別注意辦理經過中所發現之缺點與錯誤，以作
彙齊後之編訂，作日後之參考。丁科員巨任今日自湘返
部，剛恰與何科員啣接也。九中全會決議調整政府機
構，王寵惠調國防最高委員會委員，宋子文調任外長，
陳濟棠辭農林部長，由江鴻章充任，並擬由行政院增設
地政署，以掌理地籍、地價及土地使用，及地價申報，
有關地政之調查統計。五屆九中全會之宣言，闡明抗
日之意義「圖民族之生存獨立」、「求世界之正義和
平」、「謀人類之永遠福祉」。勉國人「人民則服務奉
公」、「官吏則盡忠職守」、「將士則殺敵致果」、
「同志則為民先鋒」。列舉當前要政「厲行基層建設，
樹立民治基礎」、「加強經濟管制，保障國民生活」、
「實施土地改革，發揮土地效用」、「全國動員，發揮
戰時人力物力」，特別勗勉國人「人人必以戰事為念，
事事必以戰事為重」。羅斯福總統與邱吉爾首相舉行二
次會晤。

12月25日

舉行雲南起義與民族復興節紀念會，主任出席報告：

（一）吾人研究歷史與今日之事實，知雲南起義與民族復興節之發生，皆淵於日本帝國主義「以華制華」之陰謀所促成並歷述其史實。

（二）雲南起義之成功，由於蔡松坡先烈之精神正氣而來，民族復興節之總裁西安脫險，由於人格之偉大感召，而革命正氣之發揚為紀念之重要意義。

本部前沅陵直屬站代主任王德森，因涉及破壞軍紀調部察看，今時已數月，由羅科長及張科長、黃總幹事會簽請派通一團團指，主任批不准，詞甚嚴切，似有太苛於部下也。按科長主辦一單位之業務，乃能逕向主任負責者也，其地位與領導之職權，主任當給於信任乃可，否則將何從而屬部下乎？況如此之後，部下一有錯誤，即遭苛罰，不得抬頭，則幹部又將何追隨而效命乎。駕人嚴明而不苛乃可，否則，從嚴恐離心矣。

12月26日

報載敵人有發動再度進攻湘北正面，現已有敵萬餘渡新牆南犯云。清晨，大家為林同學鴻藻昨接家信未婚妻去世一事閒談，按林同學之未婚妻係彼之表妹，幼時亦曾相識，但係鄉下「改組」之姑娘也，今年之二月，且已接到自己家中，協助工作。彼父母原希林同學於今年九月中旬返家結婚也，但值此國家抗戰正甜之際，正

在前方工作，請假實不易也，故迄今未得返家完婚，實
亦憾事。今不幸未婚妻去世，不免有傷於衷心矣，但林
同學固無愧對於彼之表妹也，觸景生情，余亦自忖不負
人而求自慰也。

12 月 27 日

　　為製人事附件箱事，請儲文思同學打電話，其原因
為余怕打電話故也。余自到後方各省後，瞬將四年餘，
而語言方面，仍多保持土語與土音者，是故，與同學及
朋友交涉談話方面，殊感未便，殊深引為恨事，每思改
良，而終無決心與效果，又悔恨之特深。報載羅、邱會
談與英美連日召開作戰會議，民主國之同盟，或將加強
作戰力量矣。英遠東軍司令威菲爾上將來渝，討論軍事
共同戰略，今後中英緬印之軍事行動，更將趨於合作而
密切矣。

12 月 28 日

　　天氣驟寒，一夜飄著大雪，黎明時已滿山滿谷之光
明世界也。今晚，性慾頗為衝動，有患手淫之事，殊屬
有礙身心，宜切戒也。光陰飛一般的過去，卅年度又告
漸送矣，回首檢討，毫無建樹與心得，愧甚！

12 月 29 日

　　近日本科趕辦年終考績案，精神異常緊張，且因人
事資料之徵集成功，足供參考之用，與人事之全般已上
軌道，故進步尚屬順利迅速，同仁間為愛護下級之殷

望，一致要求從寬晉升與晉薪，蓋值此時日，我政工同志之艱苦工作，神聖高潔，允宜得從優得所精神之報酬也。而公平賞罰，又為一致之信心，預料本屆考績當能深得下級之滿意也。個人自思半年來一無長進，聊以自慰者，僅資料與登記之走入正軌，為本科人事之確實公平，建立一基石為慰耳。明年之工作展開，當益求其充分與完備也。

12月30日

近三日來，雨雪紛紛，天氣特寒，僅憑緊張之精神而克服之。報載敵人三次進犯長沙，來勢甚猛，業已過新牆而強犯汨羅矣。此次長沙之安危，深為懸念也！近週世界反侵略國家之中心集中華盛頓，自羅、邱會談後，世界之反侵略領導國英美已連合世界三十二國家同盟矣，諒世界之正義和平，能得而援救也。

12月31日

這是民國卅年的大除夕，我是欣奮！悲憤！說不出話來！！毛鳳樓、董君淮二位學長的美意，邀了林鴻藻、劉伯良、李向樸和我大家一起過年，到了中夜，我們是痛快地暢飲、吃麵、吃烤豬肉，呀！偉大的抱負，今日寄託在痛飲之中，從此，清算了卅年度的奮鬥，明年，我該是像酒醉後的熱狂，前進！奮鬥！從學業上、身體上、事業上，齊頭並進！！一直到勝利的凱歌！！

附錄

三月份支項

日期	要目	數額（元）
3/10	付敘餐	1.40

四月份收項

日期	要目	數額（元）
4/1	收朱幹事借支事業費	5.00
4/10	收彭指導員借與	10.00
4/11	收三月份生活費	34.00
		49.00
4/25	收彭指導員	5.00

四月份支項

日期	要目	數額（元）
4/2	付十行紙壹刀	1.10
4/2	付卷宗壹個	0.20
4/2	付極品狼毫壹枝	0.70
4/2	付紅竹連乙張	0.20
4/2	付青竹連乙張	0.30
4/2	付麵包	0.50
4/3	付麻餅	0.50
4/11	付薑湯	0.50
4/11	付大隊部伙食	4.50
4/12	付郵票	0.50
4/13	付酸菜	0.50
4/14	付榨菜	0.50
4/15	付肥皂	0.70
4/15	付榨菜	1.00
4/16	付洗衣	1.00
4/17	付漏賬（病中）	1.65
4/18	付三月份本連伙	3.16
4/19	付羅白	0.20
4/20	付柚子	0.50
4/20	付榨菜、羅白	0.50

日期	要目	數額（元）
4/20	付皇后毛巾	2.30
4/20	付萬金油	1.50
4/20	付草鞋	1.70
4/20	付白竹帛 6.5（1：2.2）	40.30
4/20	付糖果	1.00
4/20	付糖果茶	0.80
4/21	付松滋侯墨	0.80
4/21	付針線	0.20
4/21	付柚子	0.40
4/23	付泡菜	0.20
4/24	付雞蛋	0.50
4/24	付泡菜	0.60
4/24	付榨菜	0.60
4/25	付泡菜	0.30
4/25	付蒜頭	0.50
4/26	付羅白	0.30
4/26	付榨菜	0.50
4/26	付焦蒜頭	0.30
4/27	付雞蛋	1.00
4/27	付豆腐	0.15
4/27	付泡菜	0.10
4/27	付豆腐	0.10
4/27	付政訓室傳令	2.00
4/27	付腰子貳個	1.00
4/28	付雞蛋	0.20
4/30	付麵粉	0.30

五月份收項

日期	要目	數額（元）
5/14	收四月份生活費	36

五月份支項

日期	要目	數額（元）
5/2	付麵	0.70
5/3	付辣肉	4.10
5/6	付辣肉	2.00

日期	要目	數額（元）
5/6	付豆腐	0.50
5/11	付紅薯	0.50
5/12	付辣肉	1.00
5/12	付雞蛋	0.50
5/14	付姚士龍	4.00
5/14	付草鞋蔴	2.00
5/14	付辣肉	0.70
5/14	付柚子	0.50
5/16	付理髮	1.00
5/16	付蛋酒	0.50
5/16	付吃茶	1.30
5/17	付針線	0.40
5/17	付雞蛋	2.50
5/17	付杷杷	0.30
5/18	付雞蛋	0.50
5/19	付紅薯	0.50
5/20	付趙班長	1.00
5/20	付雞蛋	0.50
5/21	付麵包	0.40
5/21	付大餅	0.60
5/21	付郵票	1.00
5/22	付麻餅	0.20
5/22	付大餅	0.50
5/22	付蒜頭	0.30
5/23	付蒜頭	0.20
5/24	付喝茶	0.70
5/25	付大餅	0.60
5/25	付信封	0.10
5/25	付麵	0.40
5/25	付大餅	0.10
5/27	付雞蛋、豆腐	1.00
5/27	付麵包	0.20
5/29	付雞蛋	1.00

除付，僅存洋貳元。

六月份收項

日期	要目	數額（元）
6/1	收五月份薪金	46.00
6/1	收三、四、五月辦公	18.00

日期	要目	數額（元）
6/1	收前存	2.00
6/1	收團指借	40.00

六月份支項

日期	要目	數額（元）
6/1	付團指借支	15.00
6/1	付大隊長禮金	4.00
6/1	付伙食	7.00
6/1	付行李、茶資	1.00
6/1	付金貴借	1.00
6/2	付草鞋	0.50
6/2	付麵	0.50
6/2	付棕子	0.80
6/3	付稀飯	0.60
6/3	付草鞋	0.50
6/4	付蔴草鞋	3.00
6/4	付豆腐湯	0.40
6/5	付餛飩	0.50
6/6	付毛巾	2.70
6/6	付手帕	0.90
6/6	付布鞋	7.00
6/6	付皮底布鞋	11.00
6/6	付陳蛋	0.70
6/6	付肥皂	0.40
6/6	付茶食	0.30
6/6	付襪貳雙	6.40
6/7	付杏子	0.20
6/8	付雞蛋	0.30
6/8	付麵饅	1.00
6/8	付梯頭	1.00
6/8	付大餅	0.20
6/8	付梳子	0.60
6/8	付草綠布七尺	14.00
6/8	付三星牙膏	3.00
6/8	付襪底	1.60
6/8	付楷本	0.40
6/9	付雞蛋	0.50
6/9	付稀飯	0.40
6/9	付油紙	0.30
6/10	付雞蛋	1.50

日期	要目	數額（元）
6/14	付洗衣	0.60
6/14	付郵票	0.40
6/17	付洗衣	1.00
6/17	付花生	0.30
6/19	付花生	0.50
6/19	付洗衣	0.20
6/24	付郵票	1.00
6/24	付洗衣	1.00
6/27	付李子	0.20
6/30	付梯頭	1.00
6/30	付花生	0.50

存陸元陸角。

七月份收項

日期	要目	數額（元）
7/6	收六月份薪金	50.00
7/6	收行軍津貼	8.00
7/6	收姚士龍還	5.00
7/6	收桐哥匯	50.00

共收壹百拾叁元，結存又陸元陸角。

七月份支項

日期	要目	數額（元）
7/5	付洗衣	1.00
7/6	付李子	0.60
7/6	付洗衣	0.50
7/6	付還彭團指	20.00
7/6	付六月份伙食	18.00
7/7	付雞蛋	3.00
7/7	付肥皂	0.50
7/7	付潘佛海	1.00
7/12	付購蚊帳	30.00
7/12	付雞蛋	2.00
7/12	付洗衣	0.50
7/12	付郵票	1.00
7/17	付傳令兵	0.50

日期	要目	數額（元）
7/21	付洗衣	0.50
7/21	付花生	0.50
7/23	付洗衣	1.00
7/31	付洗衣	1.00
7/31	付花生	0.50
7/31	付補鞋	3.50
7/31	付製褲	5.00
7/31	付鴻	5.00

共付玖拾柒元捌角。

收支相抵有念壹元捌角。

八月份收項

收存結念壹元捌角。

日期	要目	數額（元）
	收鴻	5.00
	收七月薪金	50.00
	收借陳壽昌	10.00
	收 8 月份借支	40.00
	收儲文思	5.00

八月份支項

日期	要目	數額（元）
8/3	付梯頭	1.00
8/3	付七月伙伙	19.60
8/3	付黨團指等	0.75
8/8	付吃茶	1.30
8/10	付彭團指	20.00
8/10	付花生	0.50
8/10	付洗浴	0.50
8/10	付敘餐	5.00
8/11	付蚊帳又	8.00
8/11	付陰丹士林布	18.00
8/15	付棉大衣	40.00
8/18	付梯頭	1.00
8/18	付姚士龍	6.00

日期	要目	數額（元）
8/18	付洗衣	1.00
8/18	付洗衣	1.00
8/18	付餅	1.00
8/18	付榨菜	1.00
8/18	付洗衣	2.00

以上共借陳壽昌貳拾元、儲文思伍元。

除存士龍陸元。

九月份支項

9/24 結存伍元叁角。

日期	要目	數額（元）
	付理髮	1.00
	付郵票	1.00
	付肥皂	1.00
	付中秋賞兵	1.00
	付九月份伙	19.00
	付月月份透支	8.00
	付還儲文思	5.00
	付中秋節菜	3.00
	付十月份加菜	5.00

十月份收項

日期	要目	數額（元）
10/8	收九月份薪金	50.00

十月份支項

日期	要目	數額（元）
	付洗衣	1.00
	付李同學關敏辭行宴	2.50
	付麵酒	2.00
	付花生	1.00
	付洗衣	1.00

以上用完，＝欠壽昌貳拾元。

十一月份收項

日期	要目	數額（元）
11/4	收十月份薪津	50.00

十一月份支項

日期	要目	數額（元）
11/4	付十月份伙	20.00
11/4	付其他扣	3.00
	付花生	0.50
	付襪貳雙	5.00
	付慰勞老姚	9.00
	付郵票	3.00
	付洗衣	2.00
	付花生	2.00

＝欠壽昌貳拾元。

十二月份收項

日期	要目	數額（元）
	又借壽昌	10.00
	又收薪金	50.00

十二月份支項

日期	要目	數額（元）
	付四科伙食雜費	23.19
	付餅	1.00
	付拍照半打	9.40
	付製上衣	9.00
	付洗浴	2.00
	付針線	1.00
	付洗衣	1.50
	付花生、酒	3.00
	付十二月伙食	10.00
	付瓜子	1.00
	付核桃	1.00
	付牙粉	3.00
	付花生	2.00
	付郵票	2.00

＝存伍元。

外加十一月結存貳元陸角，12月5日止結存柒元陸角。
卅年度底（十二月薪金未領，伙食未算外），結欠陳壽
昌叁拾元，會餐伍元，向樸拾元。

28 年	楊鼎	遠榛	江西瑞金	軍校八期交（少）
	張炳文		河北晉縣	軍校十一期交（上）
	溫又清		河南洛陽	軍校十一期交（上）
	張保業		察，涿鹿	軍校十一期交（上）
	粟戢	鐵珊	湖南長沙	教總軍官隊（上）
	胡鎮西	英	湖南慈利	教總通信隊（少）
	盧滌	勁濤	安徽廬江	皖建報訓（中）（軍）
	蘇伸	中	安徽廬江	皖建報訓（中）
	李桂岩		江西南昌	江西無線所（中）
	丁俠	肅民	浙江樂清	教總通（中）（軍）
	趙道啟	振羣	江西進賢	教總通（中）（軍）
	劉應鍾	文林	湖南桃源	83D 無訓（中）
	盧建廣		浙江奉化	戰學員隊（中）
	李樵		貴州思南	軍政部通班（中）
	秦鍾瑤		河北正定	教總通隊（少）（有）
	張自強		陝西洋縣	教總通隊（准）
	黃兆春		湖南澧縣	縣中（准）
（無）	謝琪		湖北黃陂	兌澤高中
	臧同蘇			南京安中
	馮自強		安徽東流	安中
	席增桂		河北保定	
	李昌煦		安徽合肥	
	劉振邦		河南滑縣	
	戴秉鐸		安徽宿松	
	王志榮		浙江慈谿	
	胡德昌		浙江義烏	
	劉懋辰		江西九江	
	戴祖澐		安徽合肥	
	唐忠業		河北宛平	
	朱衣桃		鄂，蘄春	
	周從斌		河南禹縣	
	吳思權		皖，潁上	
	周德元		湘，長沙	
	鍾維毅		湖北漢陽	
	劉介耀		蘇，泰興	
	張俊傑		湖北武昌	
	劉建華		廣東龍川	
	李鑫		蘇，溧水	
	楊玉亭		江西星子	
	李杰		江西太和	
	黃存仁		河南太和	
	杜屏藩		安徽定遠	

王善鑄	安徽合肥	
楊奇峯	湖南黔陽	
黃偉華	皖，壽縣	
張修安	河南晉縣	
廖希賢	河南新蔡	
王偉昂	浙江溫嶺	
鍾行棟	湖北黃州	
蔣述聖	湘，鳳凰	
張玉琳	河南遂平	
張茂祺	江西瑞金	
李端	河北青宛	
何光耀	湖南桃源	
曾登盈	皖，鳳陽	
陳子青	蘇，南京	
陳正文	湘，益陽	
鄒國鈞	蘇，武進	
胡金斗	湖南禹	
咼子愃	鄂，公安	
藍智囊	湘，江華	
張學信	蘇，鎮江	
陳德儀	湘，茶陵	
柯柏齡	鄂，雲夢	
王澤湞	鄂，公安	
李梅魁	湘，桃源	
漆楚斌	鄂，黃崗	
向琢成	四川烏山	
聶炳馱	江西新淦	
陳世龍	皖，廣德	
劉登雲	鄂，潛江	
賈金玉	河南襄陽	
陳沐倫	鄂，黃崗	
劉夢琴	河南滑縣	
（一） 朱德鴻	浙江南谿	蘇教育學院肄業
黃自德	福建南安	英文六號位，馬華副團長 馬來亞吡叻太平都拜律門牌 二十號，或書： Ooi Choo Leik No. 20, Luapir Road, Taiping, Perak, F. M. S.
劉耀全	廣東鶴山	英文九號位
王蘭光	江西吉安	文藝高中
陳鴻仁	河北大名	山東冠縣中學
王文品	四川成都	敬業高中

	林友禮	江西上饒	縣師
	陳中一	四川廣安	縣中
	段泰華	四川廣漢	錦陽中學
	俞爾戩	浙江黃岩	五州高中
（通）	馬人傑		暹羅曼谷五條路四角鵠按馬仁豐餉當，或廣東潮陽成田新舖街永成來銀莊
	陳建新		無錫楊舍牛市街（陳樓彬）
	楊奇峯		湖南敘浦龍潭後街楊春藻
	劉懋辰		白沙國立七中
	王善鑄		軍校十七期交通科
	席增桂		重慶河北青年救濟委員會庶務
	馮自強		成都本校十七期政訓科
	劉振邦		重慶觀音岩蓮華街 19 號
	鍾維毅		重慶南岸川鹽銀行電台
	楊士芬		江西清江太平圩鄒益壽藥號轉
	劉中堅		南京吉兆營二十五號
	歐陽逢仙		廣東連縣星子廣恒號
	蕭昌璜		江西崇義過埠轉
	劉振漢		廣東河源縣縣中轉
	石世恒		廣東連縣古屋巷第五號
	姚士龍		廣東潮陽南桂鄉判通巷留餘
	孔憲達		廣東南海官窰麻奢愛群屬祐，孔霭餘轉（孔憲聰交）
	廖健翔		廣東梅縣松口碗街廖嘉興金店轉
	劉意雲		四川敘永仁德醫院
	劉介耀		泰興大西門義興通劉文良轉
	李繼清		貴州興義魯屯郵轉

私人什物備查表

- 被頭壹條（民卅年製，棉絮十五元，白布六元，被面與被裡皆原有）
- 灰軍毯壹條（民廿九年，購價洋拾元）
- 枕頭壹個
- 洋嗶嘰草黃單軍服壹套（民廿七年沙市製，價洋捌元）
- 衛生褲壹條（家中帶出，上衣遺失）
- 衛生衫壹件（桐哥舊有）
- 綠色頭繩衫壹件（偉青於戰前所給）
- 皮手套壹付
- 白綢襯衫壹件、白布襯衫貳件
- 白麻紗襪壹雙、黑洋襪壹雙、黑布襪壹雙
- 白布襯褲貳件、灰布短褲壹條（自製）、黑布短褲壹件（拆散）
- 黃呢綁腿壹付、灰布綁腿壹付
- 綠色汗衫壹件
- 力士鞋壹雙（價十二元）、黑布草鞋壹雙（價六元）
- 面布壹條、手帕壹條（遺失）
- 牙刷壹把、牙膏壹瓶
- 硯壹方、破錶壹只、書釘四隻、鈕扣壹付
- 公副證章壹枚、社訓證章壹枚、鄂幹證章壹枚、戰團畢業紀念章壹枚
- 草綠布袋壹只（價叁元五角）
- 白布襯單壹條（價拾肆元叁角）
- 面布壹條（價貳元叁角）、墨壹錠（價捌角）

- 草鞋壹雙（價壹元陸角）、萬金油壹瓶（價壹元五角）（皆用完）
- 單草黃軍制服壹套（政訓室領用）
- 牙罐壹個（洋鐵製）、牙刷壹把、牙粉壹包、毛巾壹條
- 蔴草鞋壹雙（價叁元）、梳子壹個（價陸角）
- 布鞋壹雙（價柒元）、皮鞋壹雙（價拾壹元）
- 黑鞋貳雙（陸元肆角）、毛巾壹條（貳元柒角）、手帕壹條（玖角）
- 草綠布軍褲（六尺價拾四元，價二元四角）
- 三星牙膏（價叁元）、襪底（價壹元陸角）
- 蚊帳壹頂（價 38 元）、陰丹士林料（價 18 元）

私人書籍備查表

- 江蘇省公訓師資所同學錄壹冊
- 湖北省鄉訓紀念冊壹冊
- 三民主義壹冊（道林紙本）又壹冊（團發）
- 心理建設壹冊
- 社會建設壹冊
- 代數、物理、三角講義各壹冊
- 無線電報本壹冊、無線電筆記壹冊
- 野外勤務（各個教練）壹冊
- 班長指南壹冊
- 告國民書壹冊、臨全會宣言壹冊、中執會五屆五次大會宣言壹冊
- 生活日記小冊貳本、大日記本壹冊
- 政治教育季刊壹冊
- 抗戰手本壹冊
- 東西文化批評壹冊
- 中國文化小史壹冊
- 總理全書提要壹冊
- 第二期抗戰軍隊黨員訓練綱要壹冊
- 國務通訊壹冊
- 分隊須知壹冊
- 國文講義綱要壹冊
- 國際政治講義綱要壹冊
- 黨史講義綱要壹冊
- 調查統計講義綱要壹冊
- 應用文講義綱要壹冊

- 地方自治講義綱要壹冊
- 政治情報講義綱要壹冊
- 地理講義綱要壹冊
- 歷史講義綱要壹冊
- 總理遺教講義綱要壹冊
- 敵情研究講義綱要壹冊
- 軍隊政治講義綱要壹冊
- 抗戰建國綱領講義綱要壹冊
- 對於共黨問題之檢討與吾人應取之方針壹冊
- 共黨非法行動紀實壹冊
- 第六戰區軍民合作站組設綱要壹冊
- 抗戰通俗畫刊第八、五期貳冊
- 鼓勵士氣與民氣（士龍借）
- 第二期抗戰補充兵政治工作實施綱領
- 政訓與宣傳工作之精義
- 民族抗戰之歷史教訓一冊
- 我們的總理
- 三民主義故事集
- 蔣委員長
- 領袖抗戰言論要義
- 咱們也是中國人
- 日本史略
- 文天祥
- 史可法
- 戚繼光
- 班超

- 苗可秀
- 李宗岱
- 蔡金花
- 唐桂林
- 女英雄
- 張得勝受傷得槍
- 滕縣成仁
- 兩個故事
- 游擊樂
- 公務員與公文書
- 領袖文告四種
- 抗戰建國與青年的責任
- 增補曾胡治兵語錄註釋
- 政治部法規彙編（第二輯）
- 領袖言論集（第一期抗戰）
- 國民精神總動員資料特輯
- 抗戰文本（部發）
- 四書之研究
- 抗戰建國與青年的責任
- 捉敵探（民眾文庫）
- 周營長攻打濟南寇（部借）
- 雁門關岡山遇妹
- 田單、楊繼盛
- 士兵讀本、抗戰木刻
- 軍歌四十曲
- 國軍魂

- 政工人員手冊
- 兵機槍之構造（政訓室借）送習之
- 戰時特種任務
- 東北姑娘（連環畫）
- 政治概論講義壹冊
- 宣傳技術講義壹冊
- 經濟概論講義壹冊
- 戰時法律講義壹冊
- 領袖言行講義壹冊
- 抗戰以來之經濟建設壹冊
- 五四運動與現階段青年運動壹冊
- 五四運動史壹冊
- 中國國民黨概史壹冊
- 中央警官學校概況壹冊
- 國民經濟建設運動壹冊
- 中國青年四卷三期（送團室）壹冊
- 中國青年四卷一期（送團室）壹冊
- 中國青年四卷二期（送團室）壹冊
- 軍民合作十期（缺一、九）（送團室）捌冊

通信處備查表

王仲卿	無錫祝塘王洽昌
王桐蓀	雲南玉溪省立農校（偉青姊同此）
陳祝三	同上
陳祝平	雲南昆明第十八號信箱（軍政部光學廠）
王月芳	廣西陽朔衛生院
王軼卿	重慶柏溪中央大學（沙坪壩）
王文元	上海南京路餘興里二十五號
王文俊	湖南浦市通訊兵壹團書記室
虞子貞	湖南耒陽省振濟分會
吳文燾	貴州三穗西南公路改善工程處第三分段
黃克誠	重慶雞街川鹽四里八號華一公司交
華叔熙	西康富林樂西路第三測量隊
楊鼎	綦江菊坡路禹王廟戰通
溫又清	
李昌煦	宜昌曹家販廿六軍政通訊電台
杜屏藩	綦江戰通第一電台
吳德昌	貴州恩烽農協姚隊長交
陳述祖	綦江團部政治部（四川綦江上昇街 14 號五明馨）
陳興斌	重慶市社會部工人服務隊探交
王桐蓀	昆明崇仁街 34 號華新行
王文元	上海南京路餘興路 25 號廣源布莊
王軼卿	重慶沙坪壩中央大學農學院
王月芳	廣西陽朔衛生院
虞子貞	耒陽銓敘部湘粵桂銓敘處
吳文燾	四川樂山樂西公路大渡河橋工事務所
楊育興	恩施特二團政室
劉賢文	重慶巴縣三聖宮總政治部
廖新治	四川璧山軍訓部總務廳第三科
馮方濤 溫先齋 蔣澤梓	在渝新橋後勤部政治部
陳祝三	
費見照	武漢大學嘉定
費見林	
黃克誠	
王文俊	浦市通一團書記室
儲文思	南京中央路觀音巷十九號
鄭光耀	漢口太和醫院
李競成	河北濮陽縣城東清河頭鎮（永久的） 湖南湘陰東門外袁家舖玉石橋楊修齊堂主人轉交李競成（臨時的）

1936-1942 年生平大事記（王貽蓀自記）

1. 民國二十五年七月二十五日，奉江陰縣教育局訓令
   第 88 號令派為江陰縣第七區夏五鄉民眾學校教員。
   （現存訓令壹件）

2. 民國二十六年一月，奉令調任石莊鎮民眾學校教員。

3. 民國二十六年九月二十二日，奉江陰縣政府訓令壯
   字第一一一號，調升為石莊鎮民眾學校校長。（現
   存訓令壹件）

4. 民國二十六年九月十二日，奉縣政府訓令，委為石
   莊鎮情報員。

5. 民國二十六年十一月二十八日，奉令結束校務，向
   漢口移動。

6. 民國二十六年十二月三十日，抵漢，同行者父親、
   克誠、耀堂、文燾、介禎等。

7. 民國二十七年一月三日，由軍委會第六部武漢辦事
   處，保送入該部與鄂省府合辦之湖北鄉政幹部人員
   臨時訓練班受訓。

8. 民國二十七年一月十日，於湖北省政府，委員長親
   臨主持開學典禮。

9. 民國二十七年一月三十日，舉行畢業典禮，由武營
   何主任成濬擔任主席。

10. 民國二十七年一月卅一日，參加湖北省政府鄉政服
    務學員特殊訓練，二月十三日舉行出隊式，由何班
    主任成濬、副主任方治、嚴立三分別訓話。

11. 民國二十七年二月十五日，奉湖北省政府訓令省民
    二字第 69028 號令派為江陵縣鄉政助理員。（17 日

離漢口，乘輪 21 日抵沙市）

12. 民國二十七年二月二十三日，奉江陵縣政府訓令，智字第 735 號派駐第三區署常駐工作（岑河口），八月十三日奉調第六區署常駐工作（彌陀寺）。

13. 十一月五日，向縣府辭職照准，應桐哥函邀，12 日起程，擬赴廣西桂林。

14. 民國二十七年十一月二十八日，因赴桂未果，與同學虞子貞、許仲華折抵湘西沅陵，準備投考戰幹一團學生隊受訓。

15. 十一月二十九日，於沅陵長沙國貨公司，遇月芳姊（中國紅十字會工作）與文燾兄，在沅謀入戰一團，因招生過期無果，謀職亦無成功。

16. 十二月七日，決心參加戰通隊受訓，學習無線電技術。

17. 民國二十八年一月，隨隊移駐瀘溪浦市鎮訓練，遇王文俊於通一團任書記，及翁思信，倍學姐閒居。

18. 參加四月一日浦市郊外清草坪戰一團週年紀念大會。

19. 四月十一日，桂教育長蒞隊點名，本隊正式成立。

20. 四月十五日，奉令移駐四川綦江訓練，本日沿川湘公路出發。

21. 五月二十一日，安抵綦江，完成二千公里之行軍，駐營綦郊禹王廟。

22. 九月十八日，參加綦江各界擴大紀念會，由陳誠將軍主席。

23. 十一月十五日，基本教育完成，開駐江津杜市鎮實習通報，尚可。

24. 十二月三十一日，參加戰一團綦江招生處應甲級
    試，謀貫澈入團受訓之初衷。

25. 民國二十九年一月四日，團部榜示，錄取為甲級學
    生，僅余一名，榮甚！

26. 一月五日，楊隊長鼎宴同學之分隊長，並准余入團
    受訓。六日離隊。

27. 一月八日，抵江津廣興場，戰一團學生一總隊報到，
    編入本總隊班長訓練班受訓（第一大隊第三中隊），
    余為最末參加之一名。

28. 四月一日，參加母團二週年成立紀念大會與本總隊
    開學大典。副團長陳誠將軍訓話，主持一切，本班
    參加閱軍，正午聚餐，下午又為訓話。

29. 四月二日，副團長在廣興場小學點名（班長班）並
    訓話，並歡送至王福場。

30. 四月三日，桂教育長檢閱本班，余任第一期制式教
    練班長。

31. 四月十一日，參加第一總隊甲級隊甄別考試。

32. 四月十四日，總隊長點名，十五日編入甲級隊（第
    九中隊），余被選充一班班長。

33. 四月二十一日，甲級隊擴編成二隊（加入八中隊），
    余被調八中隊一班班長。（羅家崗）

34. 六月一日，本總隊異黨案起，余被誣嫌疑，但未被
    禁閉。

35. 七月二十一日，調本團直屬大隊一中隊受訓，於綦
    江三角鎮七仙廟。

36. 十月十日，於三角鎮舉行直大隊畢業典禮，余參

加焉。

37. 十二月十一日，軍委會政治部張部長治中，代表團長蒞團及三角鎮訓話，並致慰問之意，談話涉及團的問題。

38. 十二月十五日，奉令分發第六戰區政治部見習，分發畢業證章與旅費，余成績名列前茅，得團長贈軍人魂壹柄。

39. 首途川鄂公路向目的地恩施前進！儲隊附秀為領隊，對直隊大隊長睢友蘭氏之教育，頗為感恩而念念也。

40. 民國三十年元月六日，安抵恩施，八日向政治部報到，編講習大隊受訓。

41. 元月十三日，司令長官、副團長陳誠將軍蒞隊點名訓話。

42. 元月二十八日，發表姚士龍等廿三名留部見習，余亦居焉。指定特二團室工作。

43. 三月九日，正式赴外河沿特團工作，十七日下連為新兵二連代連指。

44. 六月一日，奉調回六戰區政治部第一科服務，委任為第四科中尉科員。

45. 民國三十一年元旦，參加六戰區長官部團拜大典於四川黔江涼水井。

先父王貽蓀先生事略

王正明王貽蓀、杜潤枰長女 **改寫**

先父王貽蓀先生,字雨生,江蘇省江陰縣人,民國七年三月五日生。手足八人,雁行居次。尊翁仲卿公,任祝塘鎮永平鄉鄉長,熱心公益,先後創辦北山頭、大河頭國民小學,協辦華巷、徐巷小學,嘉惠鄉中子弟,得以成材。並開設「王暢茂」糧行,助農民賣穀,再碾成白米轉售滬上,或代客購糧,均需代墊款項,得利時即來結帳,虧損時不見來人,無法追索。門市均升斗小民,待以舉炊,購米多數賒欠。仲卿曰:「救人之困,人豈負我,不必強之也。」先父幼承庭訓,服務社會,樂善好施之志,早發其端。江陰長涇初中畢業,入無錫國學專修學校進修。後考入江蘇省公民訓練師資養成所,初任教江陰縣夏五鄉民眾學校,復創辦石莊鎮民眾學校,受任校長,從事民眾教育工作。

民國二十六年抗戰軍興,江陰即將淪陷時,奉令結束校務,隨仲卿公撤往武漢,參加了湖北省鄉政幹部人員訓練班,結訓分發江陵縣任鄉政指導員,輔導全縣鄉政建設工作。二十七年離職,入戰幹團通信隊受無線電技術訓練,二十八年考入軍事委員會戰時工作幹部訓練團第一團(後改敘為中央陸軍軍官學校第十八期政治科)。畢業分發至湖北恩施見習,因成績優異調回第六戰區司令長官部政治部,負責人事行政業務,兼負戰區

特別黨部組訓，復任重慶後方勤務部特別黨部文宣工作，又轉調中央黨部組織部軍隊黨務處。以工作努力，勤奮好學，深得長官器重。抗戰結束論功敘獎，獲頒「勝利勳章」，為不可多得之榮譽。

　　戰後復員，先父在南京三民主義青年團中央團部編審室服務，主持《模範青年叢書》出版業務。繼調中國國民黨中央執行委員會青年部幹事，負責學校文化宣傳。迨大局逆轉，奉召至海軍總司令部服役。三十八年攜眷來臺，居高雄左營。先後任海軍供應司令部人事科長、辦公室副主任、代理主任等職。

　　民國四十四年郵電黨部成立，即由海軍退役，北上臺北，任職黨部，歷充各組總幹事，直至退休。先父任內，專注於協助郵政、電信事業之發展，整理郵政、電信工會，創立電信黨部，協助郵電婦女組訓，推展郵電勞工補習教育，提高素質及升遷機會。籌辦全國自強郵展及四海同心郵展，並推動巡迴郵展和郵票上船活動（募集新、舊郵票，展示和贈送；藉董浩雲先生船隊流傳全世界各角落，以宣傳中華民國）。指導各縣市郵局成立地區文化工作隊，舉辦各類文藝、運動活動，提升文化素養、促進彼此情誼。創辦《郵光》雜誌，出版《郵光》叢書，宣揚郵政業務。並為維護郵電協會產業及增進員工福利，不遺餘力。

　　先父一生熱愛教育、關心教育，民國四十八年在臺北縣中和鄉創辦私立中光幼稚園暨托兒所，請胞妹王芸芳女士擔任園長，期間備嘗艱辛，歷時三十年，培育地方子弟無數，達成以教育事業服務社會的心願，亦為其

公務外最重要的志業。

　　先父於七十二年五月退休，稍卸重擔，乃偕先母赴國內外旅遊，不僅飽覽寶島各地風景名勝，更遍及美、歐、澳、南非、東亞、大陸等地，見聞所及集成《環球采風》一書。先父好學不倦，定期參加由中華文化復興委員會主辦的文學研究班，上課研讀、聆聽學者專論，從不缺席。拜書法家王愷和為師，勤練書法，臨池無間，尤善「蘭亭」，悠遊藝事，其樂無窮。此外，擔任臺北市江陰同鄉會理事，編輯《江陰鄉訊》，贊助「故鄉子弟獎助學金」，嘉惠鄉人後輩。也參加中華郵政退休人員協進會義務工作，擔任「會訊」的撰寫與各方的報導，分享郵政事業的進步。並鼓勵退休人員組成集郵委員會，定期聯誼，交流集郵訊息，協助推展集郵活動。

　　先父與先母結縭五十七年，鶼鰈情深，親朋稱羨，體健神清，民國九十一年先母仙逝，遽失良伴，心傷之餘，遂大不如前，且行止維艱。九十八年八月底因呼吸道感染緊急送醫，住院二十餘日，癒後轉入醫院護理之家療養。不意十月十四日溘然長逝，嵩壽九十有二。

　　先父個性剛正，樂觀進取，勤學奮勉，任事果敢，不畏艱險，認真負責；為人溫文敦厚，謙沖為懷，提携後進，助人為樂，眾所敬重。

後記

王正明
王貽蓀、杜潤枰長女

　　在整理掃描完成父母親在抗戰期間，由生活費的支援到相識、相戀、結為佳偶的信件後，正準備打成電腦文字檔時，無意間看到一只父親特藏的箱函。內有數本陳舊的書冊──父親的和母親的日記，以及父親在湖北受鄉政幹部訓練的結業手冊、受電信訓練的一本工整的通信隊無線電報技術筆記簿等。

　　當打開那本袖珍陳舊的練習簿仔細一看，竟是母親民國二十八年一月一日到十二月十七日，是她在與父母分手，獨自留在長沙九五後方醫院擔任看護中士工作半年後的日記。裡面密密麻麻用蠅頭小字，鉅細靡遺的記載了她那年的生活點滴及感想。一個十七歲初二肄業的少女，以細小且生澀的字跡和語句，但整齊的按日（並以火水木金土日月標記星期）記下那物質匱乏、變動年代的種種。母親唯一有次向我說道：「我在醫院後撤行軍時，在荒山野嶺的山路上，碰上生理期，當時用品粗糙且無法即時更換，走到大腿內側因乾血磨破皮，疼痛到寸步難行。後得醫官將其載具──轎子讓給我坐，才得解脫痛苦。」這是母親刻骨銘心的抗戰往事，也激勵我日後遇上生理狀況不再喊苦。在日記中讀到這段文字時，再三重讀，掩卷感嘆母親的耐苦，不禁留下淚來。

在後撤途中，母親終於得知教育部將在貴州銅仁創辦國
立三中，收容流亡青年免息貸款[1]就學。毅然辭職前往
爭取就學機會，歷經辛苦等待及轉折，終於考取復學初
三，並直升完成高中學業，還考上貴陽醫學院——她當
年繼續升學的目標。可惜僅就讀一學期，終因戰事嚴
峻，郵路不通與家鄉通訊中斷，財務接濟不上，忍痛休
學。為謀能獨立生活，考取郵政郵務員，使生活安定下
來，而成為母親終身的職業直至退休。在這段艱苦的求
學路上遇上困厄，母親就會以外祖父留給她的話：「耐
苦耐勞、守職勤儉。」激勵自己努力突破困難、堅持自
己的信念，令我敬佩不已母親朝向目標的毅力。另外在
日記中常提到的一件事——日軍漫天無差別的向平民聚
集地區的轟炸。無知、無辜的百姓和受傷的士兵，身家
財產的損害和犧牲，讓她深切痛心，充滿著悲憫之心，
更加深我對日本侵華的憤怒。

　　父親民國三十年的日記也是本泛黃封面鬆動的練習
簿，我立時找張白紙加固，便於日後翻看。這是父親考
入軍委會戰幹團第一團第六期[2]結訓後，分發見習開始
的日記。他把每日重要事件如分發調職行軍的經過、收
到家書的興奮、重要讀訓心得、身體狀況、與同事及兵
士的相處、待人處事原則與態度、心情感觸……等，都
仔細逐一記下。最後並附有大事記，讓我很快就明瞭父

1　在母親的高中畢業證書上，蓋著貸款國幣 1623 元零角五分的印
　　戳，背後貼著一張教育部頒發國立中等以上學校貸金償還辦法。
2　軍委會戰幹團為軍事委員會戰時工作幹部訓練團之簡稱，現都歸
　　入陸軍軍官學校學生。

親在二十六年離開家鄉，奔赴後方的前後行止，以及求取知識和新出路的努力，終於皇天不負苦心人，投入正式軍旅，參與抗戰行列，繼而展開記錄人生的日記工作。他的日記持續到手無法握筆書寫小字³為止，都妥為保存。

　　此次編輯出版的日記，我僅閱讀了母親二十八年和父親三十年一半的內容，父母親的字跡有的很好辨識，有的則相當困難，編輯們非常辛苦的一一打印出來，我深深感佩與感謝！記得我看到父親在大事記中提到川湘公路二千公里的行軍⁴，在三十年元月，因戰幹團結業分發湖北恩施見習的川鄂公路行軍，到六月見習期滿調回四川黔江六戰區工作，再次沿川鄂公路行軍返回。特地去翻找出地圖，一一比對途經何地？確實是那時代中國人為抗戰而走的一小部分路啊！在見習期間遇上疫病流行，據說是傷寒，死了不少新兵，父親亦被感染，發燒吐血，後得大哥及同鄉的救濟，獲取極缺乏的藥物而痊癒，但落下瘦弱的體質，直至中年後才逐漸好轉。另

3　父親於八十四歲，母親過世後出現較明顯的巴金森症狀，執筆已不能書寫五字以上的字句，愈多字愈不成字形，即封筆不記日記。但仍能執毛筆寫中、大楷字，直至九十歲才停止毛筆習字。

4　川湘公路行軍，是父親二十七年受鄉鎮人員訓練分發湖北江陵，工作一年餘受大哥力邀去廣西桂林另謀出路發展，與同時離職的二位好友轉往湖南沅陵，準備南行。不意大哥因大嫂已安抵昆明，離桂前往會合，且戰事亦延燒廣西而作罷。父親在沅陵發現正巧錯過戰幹團的招生，無奈只好先加入戰幹團的通信隊，學習無線電技術，駐瀘濱受訓。於二十八年四月奉令轉往四川綦江訓練。四月十五日沿川湘公路出發，至五月二十一日安抵綦江，完成二千公里行軍至四川綦江禹王廟，十一月完成基本教育，並展開實習，表現優異。十二月底得知戰幹團招生，在戰通隊請假獲准，前往應甲級試，得隊中唯一錄取者，終於謀得貫徹入團的初衷。

有件事是父親曾提起的：在戰幹團受訓期中，同學間發生異黨案，彼此間提報為共產份子，父親亦被列為嫌疑者，尚幸未被關禁閉，最後全身而退。當時對共產黨非常敏感，因此有部分同學遭難。父親很感慨的表示在紛亂不安的局勢中，人們互相不信任產生誤解，而彼此傷害，實為一大憾事！

父親自日軍侵入家鄉，離家奔赴大後方起，與親人聯絡收取的信件和大伯轉交的親人信件，三十年以後的日記和相關文件、證件等，以及母親的日記、證件和信件，他都妥善裝訂收存，隨身攜帶，跟著遷移，由江蘇江陰夏五鄉、石莊鎮，湖北武漢、江陵、恩施，湖南沅陵，四川綦江、黔江、新橋、重慶而江蘇南京，再渡海來到臺灣高雄左營，臺北市仁愛路、北投區、新北市（臺北縣）中和鄉、新店區，遷移、搬家不下十餘次，次次都完好如初。雖不幸於七十二年的九三暴雨，慘遭水淹損失一批日記、相片，但文件、信件都及時搶救未有損傷，真是大幸！這批編輯了父、母親在抗戰時的生活記實日記，每每翻看，字字如畫面呈現眼前，感受他（她）的經歷與傷痛，不是我輩所能想像的。回看那個時代，這些隻字片語或許能給歷史留下一些跡證，現能編輯成書，也不枉父親辛苦的保存與收藏。

民國日記 35
王貽蓀戰時日記（1941）

The Diaries of Wang Yi-sun, 1941

原　　著　王貽蓀
編　　者　民國歷史文化學社編輯部
總 編 輯　陳新林、呂芳上
執行編輯　李佳若
文字編輯　林弘毅
審　　訂　王正明
排　　版　溫心忻、盤惠秦

出 版 者　　開源書局出版有限公司
　　　　　　香港金鐘夏慤道 18 號海富中心
　　　　　　1 座 26 樓 06 室
　　　　　　TEL：+852-35860995

　　　　　　民國歷史文化學社有限公司
　　　　　　10646 台北市大安區羅斯福路三段
　　　　　　　　37 號 7 樓之 1
　　　　　　TEL：+886-2-2369-6912
　　　　　　FAX：+886-2-2369-6990

銷 售 處　源流成文化 股份有限公司
　　　　　　10646 台北市大安區羅斯福路三段
　　　　　　　　37 號 7 樓之 1
　　　　　　TEL：+886-2-2369-6912
　　　　　　FAX：+886-2-2369-6990

初版一刷　2020 年 5 月 31 日
定　　價　新台幣 330 元
　　　　　港　幣　85 元
　　　　　美　元　12 元
I S B N　978-988-8637-65-2
印　　刷　長達印刷有限公司
　　　　　台北市西園路二段 50 巷 4 弄 21 號
　　　　　TEL：+886-2-2304-0488